La mafia américaine

Roger DELORME

LA MAFIA AMÉRICAINE

TALLANDIER

Du même auteur

Chez Tallandier

Al Capone et la guerre des gangs.

Chez d'autres éditeurs

Histoires sanglantes de flibustiers, Guy Victor.
Yankee rit (l'humour américain), Hachette.
Messieurs les Anglais, riez les premiers (l'humour britannique), Hachette.
Les grands crimes sexuels, La Table Ronde.
Jésus H. Christ ! (les utopies religieuses américaines), Albin Michel.
Les vampires humains, Albin Michel.
Far-West, Editions Rouff.
Les tombeaux sans cadavres (les disparitions mystérieuses), Editions du Sénart.
Les grandes énigmes criminelles, Editions du Sénart.

INTRODUCTION

Pour la première fois dans son histoire, le magazine financier américain *Fortune*, célèbre par son classement annuel des 500 plus riches corporations américaines, a publié dans son numéro du 10 novembre 1986 une nouvelle liste jusqu'alors inédite, celle des 50 *biggest mafia bosses*, les cinquante plus grands chefs de la mafia américaine. Cette liste très discutable, fut certainement une excellente idée publicitaire, qui valut à *Fortune* d'être cité dans de nombreux articles et commentaires de la grande presse internationale.

En tête de la liste des plus importants mafiosi américains viennent trois personnages dotés des surnoms folkloriques habituellement attribués aux gangsters de toutes les races, et les noms de famille traditionnellement italiens. Les trois *biggest bosses* de *Fortune* sont les suivants : Anthony (Fat Tony) Salerno, de New York, le Gros Antoine, dirions-nous en français. Vient ensuite Anthony (Big Tuna) Accardo, de Chicago, dont le surnom intraduisible de Tuna (Thon) est une déformation basée sur l'homophonie de Tony et Tuna (mais Accardo de

Chicago est certainement un gros poisson). Le troisième homme est Anthony (Tony Ducks) Corallo, de New York. Le mot *ducks* a de nombreuses significations argotiques : il indique probablement que Tony Ducks s'habille avec élégance, ce qui est d'ailleurs une vieille tradition dans le *gangland* de Chicago.

D'après *Fortune*, « le crime organisé est, entre autres choses, une puissante force économique, mais la presse n'a que rarement étudié, si elle l'a jamais fait, le monde des gangsters en tant que branche du business avec son propre management, son propre style et sa propre culture ». Toujours d'après le magazine, le tableau d'organisation d'une famille de la mafia ou d'un *syndicate* de criminels reproduit comme un miroir le tableau du directorat et de la structure d'une corporation, et les *mobsters* agissent en conséquence (*syndicate* désigne en américain une association de gangsters ou de financiers ; ce que nous appelons en France un syndicat professionnel s'appelle là-bas *union* ; *mobster* est le nom moderne de ce que l'on appelait jadis un gangster.).

Toutefois, vingt-quatre seulement des cinquante grands patrons de la liste de *Fortune* sont actuellement libres ou exempts d'inculpation. Et quinze d'entre eux seulement sont âgés de moins de soixante-dix ans, ainsi qu'il sera vu dans un chapitre suivant. Il est à noter aussi que, malgré toute l'attention que *Fortune* porte inlassablement à l'ensemble du business américain, malgré les puissants moyens d'investigation dont dispose ce magazine de premier ordre, celui-ci n'a pas été en mesure de donner le chiffre d'affaires annuel ni le revenu net de qui que ce soit dans la mafia, ainsi qu'il le fait, avec tous les détails, dans sa fameuse liste des 500 premières corporations du monde des affaires légitimes.

Il est une catégorie de citoyens des USA parmi lesquels la publication de cette liste de gangsters aux noms italiens ne vaudra pas beaucoup de nouveaux abonnés à *Fortune*, mais un bon nombre de protestations et de furieuses lettres de lecteurs. Ces citoyens particuliers sont l'immense majorité des Italo-Américains honnêtes, qui ne cessent de mener campagne contre la publicité toujours faite à l'infime minorité de leurs congénères malhonnêtes.

Ce sont de nombreuses et ardentes campagnes que les respectables Italo-Américains ont conduites, et conduisent encore contre l'association hâtive des patronymes italiens au banditisme américain... sans obtenir autre chose que quelques résultats symboliques de temps à autre. Par exemple, lorsqu'ils réussirent à contraindre les producteurs du film *The Godfather* (Le Parrain) à supprimer les mots mafia et Cosa Nostra de leur scénario. Leurs efforts resteront à jamais inutiles : les gens respectables et les affaires honnêtes ne sont d'aucun intérêt pour la littérature et le cinéma.

L'étymologie du mot anglais mafia est incertaine mais l'origine la plus couramment admise est à chercher dans l'interjection arabe « mahyah » qui exprime une sorte de fanfaronnade : c'est celle qu'adopte le *Guinness Book of Records* en mettant l'accent sur les qualités de beauté et de bravoure qu'évoque « mahyah ». N'oublions pas que la Sicile fut occupée par les Arabes pendant fort longtemps. Il existe bien d'autres versions sur l'origine de ce mot et les plus sérieuses côtoient alors les plus fantaisistes, qui ne sont d'ailleurs pas les moins intéressantes. On raconte, par exemple, que le lundi de Pâques de l'an 1282, alors que la Sicile était occupée par les Français, un soldat aurait violé la fille d'une femme de Palerme... Sur quoi, la mamma de la signorina se serait mise à courir dans la grand-rue en s'arrachant les cheveux et en hurlant : « ma fia ! ma fia ! » ma fille ! ma fille ! Ce « ma fia » bientôt contracté en « mafia » serait alors devenu un cri de protestation contre les troupes étrangères d'occupation.

Une autre version affirme qu'une jeune fille se rendant à l'église pour y recevoir les saints sacrements du mariage aurait été violée et assassinée par un soldat français. Tentant de venger sa bien-aimée, son époux se serait rebellé mais aurait été tué à son tour. La population se serait alors ralliée à la triste cause des deux jeunes gens en s'écriant : *Morte alla Francia l'Italia anela* (L'Italie languit après la mort de la France) puis *Morte alla Francia Italia Avanti* : le sigle improvisé de ce cri de guerre aurait donné MAFIA.

Plus tard, les protecteurs devinrent eux-mêmes des oppresseurs comme cela arrive trop souvent. La mafia exporta le système aux USA, où il prit la forme du *protection racket*, une méthode d'extorsion toujours en vigueur aujourd'hui.

Dans les débuts de l'immigration sicilienne et italienne à New York, la mafia y était appelée la Main noire, appellation maintenant périmée et passée dans l'Histoire. L'antique et flatteuse dénomination sicilienne de l'Honorata Societa a survécu quant à elle et elle est encore fréquemment utilisée de nos jours, surtout par les mafiosi eux-mêmes, naturellement... Une autre appellation de la mafia a connu un certain succès dans les temps récents : c'est la Cosa Nostra, à cause de son implication occulte.

Les sections locales de la mafia américaine lui donnent souvent des surnoms régionaux : *the Office* (le Bureau), en Nouvelle-Angleterre ; *the Arm* (le Bras), à Buffalo ; *the Outfit* (l'Equipe) à Chicago. Le nom *combination* a été utilisé pour désigner diverses associations de la mafia avec d'autres bandes de gangsters, notamment les gangs juifs de New York City. La mafia de Chicago a souvent été confondue avec le célèbre Syndicate d'Al Capone. Dans l'esprit de nombreux américains, l'expression de « crime organisé », souvent utilisée dans les campagnes politiques, n'est autre qu'un synonyme de la mafia.

Le fameux racket de la protection, jadis l'une des plus importantes sources de revenus de la mafia, a perdu aujourd'hui beaucoup de son importance, par suite de l'immense multiplication des bars, restaurants et boîtes de nuit dans les grandes cités américaines, et de l'impossibilité d'entretenir des réseaux d'extorsionnistes assez nombreux pour pouvoir les exploiter tous. Les affaires importantes se sont d'autre part organisées pour assurer elles-mêmes leur protection... contre les « protecteurs ».

Mais la mafia conserve en grande partie l'exploitation des chaînes de distributeurs de cigarettes ainsi que celle des juke boxes. Elle possède ou contrôle une grande partie des casinos, hôtels et night-clubs du Nevada et du New Jersey, les deux seuls des cinquante Etats américains où les jeux d'argent soient légaux (au moment où ces lignes sont écrites, la Floride envisage de légaliser aussi les jeux d'argent dans les grands hôtels-casinos de Miami-Beach et autres stations balnéaires).

La mafia exploite aussi les jeux d'argent illégaux, les paris sur les courses de chevaux, les matchs de boxe, de football et de base-ball. Son chiffre de recettes annuel n'est naturellement pas connu avec certitude, mais il est estimé en dizaines de milliards de dollars... plus que le chiffre du budget annuel de nombreuses petites nations de par le monde.

La structure actuelle de la mafia américaine émergea de la lutte pour le pouvoir qui se déroula en 1930-1931, sous le nom de guerre de Castellammare, d'après le nom de la ville sicilienne de Castellammara del Golfo, d'où étaient originaires de nombreux chefs de la mafia des Etats-Unis. Une soixantaine d'entre eux périrent dans cette lutte. Pour arrêter le massacre, les survivants tinrent une sorte d'assemblée constitutionnelle, dont les articles furent généralement respectés, pour le plus grand profit des membres de la Confrérie (un film portant ce titre : *The Brotherhood*, a été tourné à Hollywood, mais il n'a pas eu grand succès... il venait trop tôt après celui qui fut tourné d'après le roman de Mario Puzo, *The Godfather*).

Les termes de cette constitution ne sont aujourd'hui un secret pour personne. Ils ont été publiés dans plusieurs livres, ainsi que de nombreux articles de la presse américaine. Ce sont, dans leurs grandes lignes, les suivants : la mafia est divisée en 24 familles, ou sections régionales, chacune commandée par un *capo*, le chef suprême, et qui peut être assisté d'un ou plusieurs conseillers. Le capo est secondé par un *sotocapo*, ou lieutenant, lui-même assisté de plusieurs *caporegimes*, ces derniers remplissant les fonctions de chefs de *regime* (escouade).

Les escouades sont composées de *button men*,

ou soldats. Ceux-ci, bien qu'occupant l'échelon le plus bas de la hiérarchie de la mafia, sont loin de n'être que de simples hommes de main. Ils sont, certes, les plus exposés, se trouvant en contact avec les personnes ou les groupes desquels la mafia tire ses revenus. Mais ils peuvent se trouver à la tête d'importants gangs ou d'entreprises légales, dont les membres eux-mêmes ne savent pas qu'ils travaillent indirectement pour la mafia. La plupart des button men de la Confrérie sont estimés être pour le moins millionnaires, en dollars naturellement.

L'effectif total de la mafia est estimé à cinq mille hommes, en chiffre rond (aucune femme... pour le moment). Contrairement à ce qui a été fréquemment révélé, la mafia n'a pas de *capo di tutti capi*, de chef de tous les chefs, régnant sur l'ensemble des 24 familles et des 50 Etats américains. L'un des objectifs de l'assemblée constitutionnelle avait été précisément d'assurer l'équilibre du pouvoir et d'empêcher que l'un ou l'autre des chefs de secteur n'acquière trop de puissance par rapport aux autres. Une commission composée d'une dizaine de capi se réunit très souvent pour discuter des questions d'intérêt général et d'orientation des activités.

Les 24 familles de la mafia sont, en fait, une fédération très comparable à l'Union américaine, au sein de laquelle elles sont liées par des accords entre elles, par des traités territoriaux, et un commun respect des décisions de la commission. Une des fonctions capitales de cette dernière est de nommer des successeurs aux capi décédés ou éventuellement « effacés », suivant la pittoresque expression américaine. Les familles sont souvent alliées à des syndicates autres que la mafia.

Il est à noter que certaines grandes unions (les syndicats professionnels) des Etats-Unis sont contrôlées, organisées et exploitées par la mafia, laquelle a quelquefois aussi été appelée *The Syndicate*, mais avec un article et des majuscules impliquant, en américain, un double sens de nature unique et de respectueuse considération. Ceci a parfois créé une confusion avec le célèbre Syndicate du regretté Al Capone, lequel n'a jamais été un membre de la mafia, bien que cette distinction lui ait été souvent octroyée par des historiens mal informés.

Tous les mafiosi, depuis les soldati jusqu'aux capi, sont d'origine italienne ou (de préférence) sicilienne. Aussi, la mafia est-elle encore fréquemment appelée l'Unione Siciliana.

Bien que farouchement nationaliste, la mafia n'est pas raciste. Parmi les gangs étrangers avec lesquels elle s'allie de préférence, figurent les gangs juifs, dont notamment ceux, extrêmement puissants, de Chicago et de New York. La mafia utilise aussi régulièrement des réseaux de petits trafiquants noirs et portoricains, lesquels exploitent pour elle les couches inférieures de la société des grandes villes américaines, une clientèle peu fortunée, mais considérable en nombre. Les Noirs des grandes cités des Etats-Unis ne sont-ils pas par exemple de grands amateurs de jeux d'argent dans les 48 Etats où ils sont illicites ?

Figurer dans *Fortune* n'est pas le seul honneur médiatique qui ait été accordé à la mafia dans les temps récents. Etre cité dans le célèbre *Guinness Book of Records* en est un des plus recherchés par de nombreuses personnes et organisations d'aujourd'hui. Cet honneur, le *Livre des Records* continue à le décerner d'année en année à la mafia, avec une mention de près d'une demi-page, en ces termes flatteurs : « Le plus grand syndicat du crime organisé du monde est la mafia, laquelle est dite avoir infiltré les branches exécutive, législative et judiciaire du gouvernement des USA. Le FBI croit aujourd'hui que les vingt-quatre groupes de Siciliens ou autres Italo-Américains comprennent deux mille membres confirmés et dûment enrôlés ; et que, pour chaque membre, il est environ une dizaine d'associés, soit un total de 22 000 en chiffre rond. Les familles prennent leurs ordres auprès des cinq familles de New York. Le montant de leur chiffre d'affaires (...) prostitution, jeux d'argent, cigarettes, narcotiques, trafic d'alcool illicite, usure et autres rackets, ainsi qu'affaires légitimes (...) est estimé à 200 milliards de dollars par an. »

La plus grande vague d'exécutions de la mafia eut lieu du 11 au 13 septembre 1931, lorsque le grand chef Salvatore Maranzano et quarante de ses alliés furent assassinés. La mafia aurait fait son apparition aux USA à La Nouvelle-Orléans en 1869, précise le *Guinness Book of Records*. Ceci est un fait exact, mais peu connu, même des innombrables auteurs penchés sur le sujet, pour lesquels elle se serait d'abord développée à New York ou à Chicago. C'est pourquoi l'épisode de La Nouvelle-Orléans sera traité en détail dans les pages qui suivent. On verra que si les citoyens de New York et de Chicago avaient réagi comme réagirent ceux de La Nouvelle-Orléans, la mafia n'aurait probablement jamais eu l'honneur de figurer dans *Fortune* ni dans le fameux *Livre des Records*...

LA NOUVELLE-ORLÉANS, WATERLOO DE LA MAFIA

Les criminels siciliens firent leur apparition à La Nouvelle-Orléans peu après le grand déferlement d'immigrants venus du sud de l'Europe avant la guerre de Sécession (1861-1865). Peu d'années après, plusieurs bandes organisées opéraient dans divers quartiers de la ville. Dès 1861, la police était au courant de leurs activités. Elle arrêta cette année-là un gang de faux-monnayeurs siciliens, ainsi que plusieurs voleurs et meurtriers de même origine. En 1869, une branche officielle de la mafia sicilienne fut fondée à La Nouvelle-Orléans, sous la désignation de Stoppagherra Society, par quatre bandits qui, expulsés de Palerme par la police italienne, étaient arrivés en Louisiane au début de l'année.

Les tueurs de cette société commencèrent par exterminer les hommes d'une bande rivale, originaires de Messine. Après quoi, la mafia devint l'élément dominant dans le monde du crime italo-américain, non seulement à La Nouvelle-Orléans, mais aussi aux Etats-Unis. En effet, à partir de la capitale de la Louisiane, leur quartier général, les

Siciliens établirent rapidement des branches à New York, San Francisco, Chicago et dans quelques autres grandes cités. Vers ces premières colonies de refuge affluèrent un grand nombre de criminels venus de Sicile et d'autres régions italiennes, encouragés par les politiciens qui avaient découvert la précieuse aide que pouvait leur apporter la mafia dans les campagnes électorales.

Rien qu'à La Nouvelle-Orléans, à la fin des années 1880, il y avait, d'après le consul d'Italie plus de cent criminels italiens en fuite, dont pas un seul n'était entré légalement en Louisiane. Ces hors-la-loi et ces mafiosi maintinrent la colonie italienne de la ville dans la terreur pendant plus de vingt ans, et devinrent riches et puissants par le vol, l'extorsion et le meurtre. La plupart de leurs victimes étaient des compatriotes qui avaient refusé de payer les sommes réclamées par les chefs de la mafia.

Quelques-uns de ces assassinats – il s'en perpétra environ soixante pendant les deux décennies – étaient commis à coups de couteau, mais, dans la plupart des cas, les bandits utilisaient une arme connue de la police de La Nouvelle-Orléans sous le nom de *mafia gun*. Il s'agissait d'un fusil de chasse dont le canon était scié pour ne plus mesurer qu'environ 45 centimètres. La crosse elle-même était sciée en deux près de la détente, évidée, et munie de charnières permettant de plier le fusil en deux comme un couteau de poche. L'arme se portait suspendue à un crochet, dissimulée sous le manteau. Chargée à balle ou à chevrotine, elle était, jusqu'à une trentaine de mètres de portée, l'une des armes les plus meurtrières qui aient jamais été conçues.

Les oreilles du clergyman

Dans la période où la mafia était en train de prendre pied à La Nouvelle-Orléans, le chef de la Confrérie en Sicile était un célèbre bandit du nom de Leoni. Son premier lieutenant s'appelait Esposito. Ce dernier était d'une cruauté et d'une férocité notoires – un petit homme d'environ un mètre cinquante, avec d'épaisses moustaches, une barbe noire et un front néanderthaloïde sur lequel retombait une crinière tout aussi noire. En 1880, Leoni et ses joyeux bandits capturèrent, près de Palerme, un clergyman anglais, le révérend Mr. Rose, et demandèrent une grosse rançon à sa famille. La somme ne leur parvenant pas assez vite, ils coupèrent les deux oreilles du pasteur et les envoyèrent à la famille... pour lui apprendre à faire la sourde oreille, vraisemblablement ! Le gouvernement britannique émit une protestation auprès du gouvernement italien, lequel envoya l'armée opérer contre les brigands. Leoni fut tué et beaucoup de ses hommes capturés. Mais Esposito et six autres réussirent à embarquer clandestinement sur un navire en partance pour les USA.

Les fugitifs débarquèrent, toujours illégalement, à New York, où ils séjournèrent pendant quelques semaines. En mars 1881, Esposito vint à La Nouvelle-Orléans et loua une maison dans Chartres Street, sous le faux nom de Radzo. Il acheta un petit bateau, avec lequel il se lança dans le commerce des huîtres entre La Nouvelle-Orléans et les ports de pêche du delta du Mississippi. Il baptisa le bateau du nom de *Leoni,* et arbora au grand mât le pavillon du défunt chef sicilien. Puis il passa aux affaires sérieuses.

Lorsque Esposito était arrivé à La Nouvelle-Orléans, le chef de la mafia locale était un certain Tony Labruzzo. Esposito et ses hommes le « déposèrent », extorquèrent plusieurs milliers de dollars aux riches Italiens de la ville, puis entreprirent d'organiser une confrérie de mafiosi. L'idée était d'acquérir une flottille de petits bateaux et une base d'opération cachée dans les marais du delta, où les victimes à rançonner pourraient être gardées en captivité en attendant le paiement de la rançon. Mais cet ambitieux projet n'arriva toutefois pas à maturité. Le chef mafioso détrôné, Labruzzo informa le consul d'Italie de la présence du bandit évadé à la Nouvelle-Orléans. Le consul notifia le chef de la police, le colonel Thomas N. Boylan, et lui demanda de garder Esposito sous surveillance jusqu'à ce qu'il reçoive ses instructions d'Italie.

Dans les semaines qui suivirent, Esposito fut filé jour et nuit par les policemen David et Mike Hennessy. Entre-temps, James Mooney et D. Boland, deux détectives privés de New York, étaient à la recherche d'Esposito pour le compte du gouvernement italien, et avaient retrouvé sa trace jusqu'à La Nouvelle-Orléans. Ils y arrivèrent au début de juillet 1881 et, après un entretien avec le colonel Boylan, l'arrestation du bandit fut décidée.

A la tombée de la nuit, ce 5 juillet 1881, les frères David et Mike Hennessy capturèrent Esposito dans Jackson Square, l'embarquèrent de force dans un fiacre où Mooney et Boland attendaient, et l'emmenèrent au poste de police central. Le lendemain matin, il fut transféré à bord d'un navire à destination de New York. Pour éviter les gangs de mafiosi qui parcouraient La Nouvelle-Orléans à la recherche de leur chef, les policiers embarquèrent leur prisonnier dans un petit canot, avec lequel ils descendirent le fleuve à la rencontre du navire. De New York, Esposito fut extradé en Italie, où il fut emprisonné et mis aux fers pour le restant de son existence.

Dominos et masques noirs

Dix jours après l'arrestation d'Esposito, Tony Labruzzo fut tué à coups de fusil dans Bienville Street par un mafioso du nom de Giuliano Ardotta. Les deux frères Hennessy furent avisés de se préparer à mourir. Mais, bien que Mike Hennessy dût être tué à Houston, Texas, cinq ans plus tard, par un *gunman* (exécuteur) de la mafia, il s'écoula dix ans avant que l'Honorable Société ne réussisse à réaliser sa menace contre David Hennessy. Peu après la capture d'Esposito et l'assassinat de Labruzzo, la mafia de La Nouvelle-Orléans passa sous la domination d'une faction commandée par Charles Matranza et son frère Tony, ce dernier tenancier d'un saloon de réputation déplorable.

Bien que l'importance et le fonctionnement interne de la mafia ne fussent pas exactement connus, les policiers de La Nouvelle-Orléans estimaient, en 1885, que la confrérie de la ville comptait environ trois cents membres, avec Tony Matranza comme président, et un conseil suprême de vingt membres qui rédigeaient les demandes d'extorsion, décidaient des meurtres et désignaient les assassins. Lorsqu'un de ces derniers était convoqué devant le grand conseil, il y rencontrait les chefs de la Confrérie en tenue de carnaval – masques noirs et dominos – et prêtait serment sur un crâne humain avec des poignards enfoncés dans les orbites oculaires.

Sous le commandement des entreprenants frères Matranza, la mafia de La Nouvelle-Orléans se lança dans un nouveau champ d'exploitation. Depuis plusieurs années, les frères Provenzano, George, Joe et Peter, détenaient le monopole du déchargement des navires transportant les fruits de l'Amérique du Sud et du Centre jusqu'à la métropole de la Louisiane. Ils avaient des contrats avec les compagnies maritimes et employaient plusieurs centaines d'ouvriers italiens, qu'ils payaient à des prix relativement élevés pour l'époque. Les Provenzano étaient riches, politiquement influents, et n'avaient pas de connexion avec la mafia. Au contraire, ils lui payaient régulièrement tribut, et employaient les ouvriers que leur envoyaient les Matranza.

Vers le milieu des années 1880, les Matranza commencèrent à jeter des regards de convoitise sur les bénéfices des Provenzano. Ils notifièrent aux compagnies de navigation, qu'à l'avenir, les Matranza prendraient soin du déchargement de leurs bateaux ; et les Provenzano reçurent l'ordre de se retirer du business dans les docks. Incapables de tenir tête à la mafia, les Provenzano abandonnèrent l'affaire, et les Matranza prirent les docks en exploitation. Ils réalisèrent immédiatement d'énormes bénéfices en réduisant de moitié le salaire des ouvriers et en obligeant les Italiens à travailler pour eux avec ce qui était devenu une paie misérable. Les Provenzano ouvrirent un magasin d'alimentation, mais les mafiosi détruisirent leurs stocks, intimidèrent les clients, et l'entreprise fit faillite.

Une lettre anonyme

En désespoir de cause, les Provenzano engagèrent des gunmen ; c'est ainsi que commença, à peu près au moment où David Hennessy devenait le chef de la police, une vendetta dans laquelle furent tués une demi-douzaine d'hommes. La dernière rencontre entre les Provenzano et les Matranza eut lieu en avril 1880, lorsque Tony Matranza et deux de ses hommes furent pris en embuscade et blessés, au coin de Clairborne Avenue et Esplanade Street. Joe Provenzano, son frère, Peter, et trois de leurs hommes furent arrêtés. Après de nombreux renvois et délais, la date de leur jugement fut finalement fixée au 17 octobre 1890. Les Matranza employèrent quelques-uns des plus éminents avocats de La Nouvelle-Orléans pour soutenir l'accusation.

Hennessy était un ami de George et Peter Provenzano depuis de nombreuses années. Il était convaincu qu'ils avaient le droit pour eux dans leurs démêlés avec les Matranza, et que la série de meurtres dans la colonie italienne ne prendrait pas fin tant que la puissance de la mafia ne serait pas détruite. Il commença à réunir des témoignages et preuves de l'existence de la confrérie de La Nouvelle-Orléans et de ses rapports avec les nombreux attentats meurtriers qui s'y étaient produits. Vers la fin de juillet 1890, il reçut des menaces de mort de la part de la mafia, mais il n'y prêta pas attention. En août, il écrivit aux chefs de la police de Rome, pour leur demander les noms et les photographies de plusieurs membres de la bande d'Esposito qu'il soupçonnait de se trouver à La Nouvelle-Orléans et d'être impliqués dans les actions criminelles de la mafia.

Au début octobre, Hennessy annonça publiquement qu'il présenterait ses preuves au tribunal lors du procès des Provenzano.

Dagoes !

Dans la nuit du 15 octobre 1890, deux jours avant la date de sa comparution au banc des témoins, Hennessy quitta son bureau du poste de police central, pour rentrer chez lui dans Girod Street, entre Basin et Franklin Streets, accompagné du capitaine William J. O'Connor, de l'agence de police privée Boylan Protective Police. Ce dernier quitta Hennessy au coin de Rampart et Girod Streets. O'Connor avait parcouru moins de la longueur d'un pâté de maisons lorsqu'il entendit une détonation de fusil de chasse, suivie de trois ou quatre coups de revolver. Il revint sur ses pas en courant, et trouva Hennessy assis sur le perron d'une maison de Basin Street. Hennessy saignait abondamment, souffrant de quatre blessures au côté gauche. Il eut le temps de dire : « Ils m'ont tiré dessus, Bill, mais j'ai riposté du mieux que j'ai pu... » « Qui a fait ça ? » cria O'Connor. « Dagoes ! » répondit faiblement Hennessy, et il s'effondra (*Dago* est un mot argotique américain désignant péjorativement les sujets d'origine latine, et plus particulièrement italiens. Il s'agit probablement d'une déformation du prénom espagnol de Diego.). Hennessy fut transporté d'urgence à l'hôpital de la Charité, où il mourut vers neuf heures du matin, le 16 octobre. Il n'avait reconnu aucun de ses assaillants, mais certifia qu'il s'agissait d'Italiens, identification confirmée par plusieurs personnes qui avaient vu les assassins s'enfuir en courant. Un fusil de chasse à deux canons, une arme typique de mafioso, fut trouvé dans le ruisseau, près d'un petit appentis de l'autre côté de la rue en face de la maison de Hennessy.

Le meurtre de Hennessy souleva une intense émotion dans La Nouvelle-Orléans. Aux funérailles, qui eurent lieu dans la salle du Conseil de City Hall (la mairie) assistèrent toutes les personnalités importantes, les membres du gouvernement de la ville et de l'Etat. Tout au long des rues où défila le cortège en route vers le cimetière, des milliers de personnes se pressaient. Pendant des jours et des jours, il fut beaucoup question d'appliquer la loi de Lynch[1]. De nombreux Italiens s'empressèrent de publier dans les journaux un texte certifiant qu'ils n'entretenaient aucun rapport avec la mafia ou avec les suspects que la police arrêtait. Le samedi 18 octobre, le Conseil municipal réuni en assemblée extraordinaire approuva la nomination par le maire, Joseph Shakespeare, d'un Comité de Cinquante, composé des plus hautes personnalités de la ville, pour assister les autorités dans leur recherche des preuves et des coupables.

Vingt et un Italiens

Dans le mois qui suivit le meurtre, la police arrêta vingt et un Italiens, dont dix-neuf furent inculpés par le grand jury (jury d'accusation) vers la

1. La Loi de Lynch, souvent appelée incorrectement la Loi du Lynch en France, a été ainsi nommée d'après le nom du capitaine William Lynch (1742-1820), un planteur et magistrat virginien partisan des procédures sommaires, comme celle consistant par exemple à pendre un bandit et à le juger ensuite.

fin novembre, onze comme coupables et huit comme complices du crime. Le 16 février 1891, neuf des accusés, Bastian Incardona, Charles Matranza, Antonio Bagnetto, Antonio Marchesi, Joseph Macheca, Manuel Politz, Antonio Scaffedi, Pietro Monasterio et Asperi Marchesi, ce dernier, un garçon de quatorze ans qui avait signalé l'arrivée de Hennessy, passèrent en jugement devant la cour criminelle (cour d'assises) présidée par le juge Baker. Ils étaient défendus par une imposante compagnie d'éminents avocats dirigés par Thomas J. Semmes et Lionel Adams, ce dernier un ex-procureur de district (procureur de la République). Mais le plus important dirigeant de la défense était Dominick C. O'Malley, un détective privé dont la brève carrière à La Nouvelle-Orléans avait été interrompue par une condamnation à dix mois de prison, et neuf comparutions en justice pour port d'armes dissimulées, corruption de jurés et intimidation de témoins.

Soixante et onze noms de la liste normale des jurés, et onze cent quarante jurés suppléants durent être appelés avant que le tribunal n'arrive à constituer un jury ; l'audition des témoignages ne commença pas avant le 28 février 1891. Mais l'accusation fut établie avec une évidence irréfutable. Plusieurs témoins des faits se présentèrent et identifièrent la plupart des assassins. En plein milieu des débats, l'un d'eux, Politz, s'effondra, et confessa avoir assisté à la réunion de la Confrérie au cours de laquelle la mort de Hennessy avait été décidée et les meurtriers désignés. Il donna une liste partielle des assistants à la réunion, et révéla leurs signes et leurs codes secrets. Politz révéla que Macheca avait fourni les mafia guns utilisés et lui avait commandé de les porter jusqu'à l'appentis d'où avaient surgi les assassins.

Dans le cours du procès, l'Etat (le Ministère public en France) abandonna les poursuites contre Bastian Incardona, et le juge Baker suggéra un acquittement pour Charles Matranza. L'Etat demanda aussi l'acquittement d'Asperi Marchesi en raison de son jeune âge. Les conclusions furent soumises au jury le 12 mars 1891, et un verdict fut rendu le 13. En dépit de la nature accablante des témoignages, le jury rapporta qu'il était incapable d'arriver à un accord au sujet de Politz, Scaffedi et Monasterio, et qu'il acquittait tous les autres.

Célébration sicilienne

A peu près au moment où tombait le verdict, apparut la preuve que le jury avait été suborné. Plusieurs jurés admirent qu'on leur avait proposé des pots-de-vin ; il devint alors de plus en plus évident que Dominick O'Malley et ses sous-ordres avaient gagné le procès par une libérale distribution de l'or de la mafia. Une investigation judiciaire fut immédiatement ouverte par le Grand Jury, avec le résultat qu'O'Malley et une demi-douzaine d'autres hommes furent inculpés. Plusieurs devaient être condamnés par la suite.

La colonie italienne de La Nouvelle-Orléans accueillit le verdict avec une énorme allégresse. De nombreux étals du *French market* tenus par des commerçants siciliens se décorèrent subitement d'oriflammes et banderoles. Dans la *Parish prison* (Prison paroissiale), les hommes acquittés, quoique toujours sous le coup d'une inculpation pour *conspiracy*, se portèrent à eux-mêmes et à leurs avocats des toasts de célébration avec force vin d'Italie envoyé par leurs amis, tandis que de nombreux citoyens rapportaient à la police avoir entendu les Siciliens proclamer par toute la ville : « La mafia a le dessus ! Elle dirigera maintenant la ville comme il lui plaira ! »

La plupart des témoins de l'accusation, qui avaient reçu des menaces de mort, quittèrent la ville, ou se barricadèrent dans leurs maisons avec des approvisionnements en armes et en munitions. Au débarcadère des bateaux de pêche, une bande de Siciliens arracha le drapeau américain de son mât, le piétina dans la boue, puis le rehissa au-dessous d'un drapeau italien. Mais, tandis que ces réjouissances se déroulaient, une réunion avait lieu dans un club de Carondelet Street, qui fit publier dans les journaux du matin du 14 mars 1891 l'avis suivant :

« Mass meeting »

« Tous les bons citoyens sont invités à assister à une réunion en masse, le samedi 14 mars à dix heures du matin, vers la statue de Clay, pour y prendre les mesures nécessaires afin de remédier à la faillite de la justice dans l'affaire Hennessy. Venez préparés pour passer à l'action ! »

La notice était signée de soixante et un des plus éminents citoyens de La Nouvelle-Orléans. Longtemps avant l'heure fixée, la statue de Clay était entourée d'une foule qui remplissait Canal Street et s'étendait depuis Royal Street jusqu'à St. Charles Avenue. Quelques minutes avant dix heures, les signataires de l'appel au peuple apparurent, descendant Canal Street en rangs par trois, avec à leur tête William S. Parkinson et John C. Wickliffe. Ils prirent position autour de la balustrade qui entourait la statue. Parkinson, Wickliffe et Walter Denegre montèrent sur les marches du piédestal. Chacun parla pendant trois minutes, passant le procès Hennessy en revue et dénonçant les faiblesses de la loi, pour exiger vengeance de l'assassinat. Ils annoncèrent ce qu'ils avaient l'intention de faire, demandant à la foule son approbation, qu'ils reçurent sous un tonnerre d'applaudissements.

Parkinson fut déclaré capitaine du comité d'exécution, avec Wickliffe et un certain James D. Houston comme lieutenants. Lorsque les trois hommes se mirent en marche en direction de la Prison paroissiale[1] sur la place Beauregard, les milliers de citoyens présents les suivirent comme un seul homme. Les signataires de l'appel se formèrent en rangs et marchèrent jusqu'à un magasin d'armes de Canal Street, où ils s'équipèrent de fusils de chasse, de *rifles* (fusils à canon rayé), et des munitions appropriées. Puis ils continuèrent à marcher vers la prison. Entre temps, le shérif Gabriel Villere avait laissé le capitaine Lemuel Davis en charge de la prison, et était allé demander l'aide des autorités policières et des autorités militaires ... ce qui lui fut refusé d'un côté comme de l'autre. Le capitaine Davis enferma dans leurs cellules tous les prisonniers à l'exception des

1. La désignation de Prison paroissiale n'avait plus aucune signification religieuse : c'étaient les districts municipaux des villes des Etats du Sud qui étaient appelés « paroisses ».

suspects italiens, auxquels il laissa la liberté de se cacher où ils pourraient dans les divers locaux de la prison.

Par la petite porte

Lorsque la troupe, avec Parkinson en tête, arriva à la prison, la foule hurlait devant les portes closes et menaçait de dynamiter le bâtiment. Parkinson demanda à entrer et lorsque le capitaine Davis refusa d'ouvrir les portes, un détachement d'hommes, commandé par Houston, contourna la prison jusque dans la rue du Marais, où une petite porte en bois non utilisée fut enfoncée. Parkinson et ses hommes entrèrent dans l'enceinte du bâtiment, après avoir posté des sentinelles tout autour de la prison pour intercepter ceux qui ne connaissaient pas le mot de passe. Lorsqu'ils furent à l'intérieur, les « vigilants » procédèrent à une grande délibération. Chacun avait la liste des onze Italiens que l'on savait être indubitablement coupables du meurtre de Hennessy, et avait l'ordre de ne s'en prendre à aucun autre homme. C'est ainsi que Charles Matranza, Bastian Incardona, et Asperi Marchesi ne furent pas molestés. Les onze hommes qui avaient été condamnés par les signataires de l'appel au peuple furent trouvés et tués. Sept furent exécutés à coups de fusil dans la cour de la section féminine de la prison ; deux autres furent tués alors qu'ils se trouvaient accroupis dans un réduit qui servait de niche au bull terrier du capitaine Davis. Manuel Politz fut extrait de la prison et pendu à un lampadaire au coin de Treme et Ste. Ann Streets. Antonio Bagnetto, découvert par Wickliffe, faisant le mort parmi les cadavres dans la cour de la prison des femmes, fut pendu à un arbre juste en face de la prison ... deux objets décoratifs qui firent rapidement comprendre aux Siciliens que l'exemple des oriflammes et des banderoles de leur célébration avait été suivi !

Moins d'une heure après que les exécuteurs eurent pénétré dans la prison, Parkinson annonça à la foule qui se pressait à l'extérieur que la mission des vengeurs était accomplie. Puis, lui et ses hommes sortirent par la grande porte, dans Orleans Street. Il fut aussitôt porté en triomphe. Le défilé se reforma, et Parkinson fut ainsi transporté dans Rampart et Canal Streets, à la tête de milliers de citoyens qui l'acclamaient. Arrivé à la statue de Henry Clay, Parkinson s'écria : « Je vous demande, en approbation de ce que nous avons fait, et en raison de la promesse que nous avions implicitement faite à la population, de rentrer paisiblement chez vous. La leçon que nous avons donnée produira son effet. Si tel n'est pas le cas, nous la répèterons. »

La guerre avec l'Italie ?

Mais il ne fut pas nécessaire de renouveler cette leçon. Après cette exécution collective, la mafia ne redevint jamais une puissance dans le monde du crime de La Nouvelle-Orléans. Quelques-uns des journaux dénoncèrent le lynchage des Italiens et demandèrent qu'une enquête soit ouverte par les autorités. Mais la cité dans son ensemble salua l'action des « vigilants » avec approbation. Dans une interview publiée par le *Globe Democrat* de Saint-Louis, le maire Joseph Shakespeare déclara : « Je considère que l'acte (...) pour déplorable qu'il soit

(...) était nécessaire et justifiable. Les Italiens avaient pris la loi dans leurs propres mains, et il nous a fallu faire de même. » Des déclarations similaires furent faites par les autres officiels, et des résolutions approuvant l'action furent adoptées par la plupart des groupements professionnels de la ville.

Une menace internationale s'éleva cependant, pour un temps. L'Italie demanda des réparations, et la punition des exécuteurs des Italiens. Ne recevant même pas de réponse, le gouvernement italien rappela son ambassadeur à Rome et rompit les relations diplomatiques avec les USA. Quelques exaltés, en Italie et aux Etats-Unis, parlèrent de guerre entre les deux pays, ce qui provoqua un éclat de rire général à La Nouvelle-Orléans. Finalement, l'Italie accepta une indemnité de vingt mille dollars qui fut payée sur les fonds secrets du ministère de l'Intérieur des USA, ce qui était beaucoup surestimer la peau des onze mafiosi exécutés. L'Italie oublia l'affaire, et aucune enquête ne fut conduite sur le lynchage.

En s'en prenant à La Nouvelle-Orléans, les Siciliens avaient fait l'erreur d'ignorer un fait important : la population de la ville (et de la Louisiane en général) était très différente de la population des grandes cités américaines du nord-est et du Midwest, telles que New York et Chicago. La Nouvelle-Orléans avait été française et espagnole pendant plusieurs siècles ; elle n'était américaine que depuis la fin de 1803, lorsque Bonaparte vendit stupidement la Louisiane aux Américains pour soixante millions de francs ; or vers la fin du XIXe siècle, au temps des sinistres exploits de la mafia, La Nouvelle-Orléans comptait encore dans sa population beaucoup de Français et d'Espagnols, citoyens de souche latine, et aussi un grand nombre de créoles, ainsi qu'étaient appelés les sujets de pure race blanche nés de parents français ou espagnols dans les colonies des Antilles ou en Louisiane. Cette population avait un tempérament beaucoup plus chaud que celui des populations formées dans les Etats du Nord par des immigrants anglo-saxons, germaniques, scandinaves ou centre-européens. Presque tous les citoyens importants de La Nouvelle-Orléans étaient encore des sudistes, c'est-à-dire des hommes qui avaient tenu en échec pendant quatre ans (1861-1865) les forces nordistes largement supérieures en nombre et en armements. C'était donc une population d'un naturel à ne pas se laisser intimider par le chantage et la violence non plus qu'à accepter que quelques centaines de *dagoes* fassent la loi comme à New York et à Chicago.

La mafia avait échoué à La Nouvelle-Orléans. Beaucoup plus tard, les mafiosi de New York essayèrent d'y établir une famille, pour l'exploitation des jeux d'argent illégaux, mais elle ne redevint jamais puissante dans tous les Etats du « Deep South ».

MYTHES ET BEST-SELLERS

Trois des nombreux livres américains publiés sur la mafia furent en leur temps des best-sellers. Le premier, et de loin le meilleur, était *The Godfather* de Mario Puzo, dont fut tiré le scénario d'un film à grand succès. Le deuxième était *The Valachi Papers*, de Peter Maas. Le troisième s'intitulait *Theft of the Nation* (le Vol de la Nation), par le professeur Donald Cressey. *The Godfather*, ouvrage de fiction, révèle de manière fascinante les détails de la vie, des mœurs et du langage d'une famille de mafiosi de Californie. Le livre de Donald Cressey est rédigé sous une forme très à la mode aux USA, celle d'un *report* (exposé), dans lequel il justifie son titre de professeur, en le bourrant de chiffres, de statistiques, de graphiques, de listes de noms et de tableaux d'organisations, probablement très révélateurs, mais d'autant plus lassants que personne ne peut les vérifier ... à supposer que des lecteurs aient envie de le faire.

The Valachi Papers, les papiers de Valachi, est une tout autre histoire. Joseph Michael Valachi s'était condamné lui-même à passer le restant de ses jours en prison. Aucune grâce, aucune réduction de peine n'était possible. Valachi n'aurait pas vécu 24 heures en dehors de la protection des murailles du pénitencier. Et encore, de fantastiques précautions devaient être prises pour qu'il n'y soit pas assassiné. Valachi était un méprisable mouchard qui ne valait rien vivant, mais dont la valeur du cadavre était estimée à 100 000 dollars. Par un de ces arrangements spéciaux qui ne sont possibles qu'aux Etats-Unis, l'écrivain Peter Maas avait obtenu l'autorisation d'interviewer Valachi une vingtaine de fois dans sa prison. Son livre est le compte rendu de ces entretiens et de divers papiers rédigés à son intention par le truand.

Valachi avait été coffré initialement en 1960, condamné pour trafic d'héroïne. En 1962, il tua un autre prisonnier qu'il croyait par erreur être un exécuteur de la mafia chargé de le trucider lui-même. Ceci risquait de l'envoyer « se faire faire une indéfrisable », comme disent plaisamment les Américains lorsqu'ils parlent de la chaise électrique. C'est alors que Valachi fit avec les sbires du Federal Bureau of Investigation un autre de ces curieux arrangements qui ne sont possibles qu'avec la justice américaine. Personne n'a su quels étaient les termes exacts de ce *gentlemen's agreement* dans lequel il ne manquait que les gentlemen. Il semble que Valachi obtînt pour sa part qu'on oublie cette inconfortable idée de chaise électrique, et que tout soit fait d'autre part pour qu'il puisse mourir de mort naturelle dans sa prison... ce qui se produisit en avril 1971.

D'après ces trois auteurs bien informés, et d'après les propres déclarations des porte-parole du FBI, les noms des quelque cinq mille mafiosi actuels, du plus petit au plus grand, sont connus et enregistrés, et leur liste est tenue à jour. Ce qui amène les personnes peu familières avec les mœurs et les lois américaines, à se demander pourquoi les célèbres G-Men (*Government Men*, agents du FBI) ne les coffrent pas purement et simplement. En dehors de la corruption qui les protège à tous les tournants d'une action policière ou judiciaire, ces gentlemen trouvent dans l'extraordinaire maquis de la procédure américaine un maquis cent fois plus touffu que le maquis sicilien dans lequel leurs ancêtres se réfugiaient pour échapper aux carabiniers.

La jungle juridique américaine est d'autant plus inextricable que les lois varient d'un Etat à l'autre. Il suffit, par exemple, à un bandit de New York de traverser le pont de l'Hudson pour se retrouver au New Jersey, hors d'atteinte des lois et des représentants de la loi de l'Etat de New York. Pour ramener le bandit dans ce dernier, pour lui faire simplement retraverser le pont dans l'autre sens, une procédure d'extradition est nécessaire. Car il est, judiciairement, à l'étranger.

Le gros obstacle

Mais l'obstacle qui fait immanquablement avorter les poursuites contre la mafia tient à l'impossibilité de trouver des témoins à charge. En fait, le seul qui se soit manifesté dans tout le cours de l'histoire, le célèbre Joseph Michael Valachi, ne survécut à ses révélations qu'en se faisant en quelque sorte enterrer vivant dans sa prison. Il est encore une autre raison essentielle à l'immunité dont jouit pratiquement l'Union sicilienne, une raison presque toujours passée sous silence pour ce qu'elle révèle de scandaleux dans la civilisation américaine.

Cette raison est due au fait que la mafia fournit à une immense clientèle de citoyens des plaisirs, pour la plupart naturels, que l'hypocrisie de la société anglo-saxonne lui interdit de se procurer légalement par ailleurs. Cet état de choses avait déjà été exposé de façon aussi brève que frappante par le regretté Al Capone, au temps de la prohibition : « Je satisfais à un besoin populaire. » Comme on le sait, une immense majorité d'Américains finit par donner raison à Alfonso, en faisant abolir finalement la prohibition.

Populaire, la mafia ne l'est pas seulement par les incontestables services qu'elle rend à une considérable tranche de la population américaine, une clientèle nullement contrainte à se payer ces services. Elle l'est encore de par l'auréole de prestige et de romantisme que lui confèrent sa puissance, sa richesse, ses rituels, son invulnérabilité... surtout contre des autorités policières et judiciaires qui sont, elles, loin de jouir de l'estime populaire. Ce dernier phénomène n'est pas uniquement américain, toutefois !

L'admiration pour le cerveau, le génie du crime, cultivé, élégant et raffiné (ce qui est parfaitement exact), est en réalité universelle et éternelle. Ceci ressort nettement du succès de ces films où l'on voit les génies du crime, dans de somptueuses demeures qui leur servent de quartier général – vaste parc, allée de grands arbres, entrée à colonnades grecques, grosse limousine noire devant le perron – commander militairement une armée de mercenaires aveuglément dévoués à leurs ordres. Les grands chefs de la mafia sont d'autant plus admirés qu'ils ne se font, généralement, jamais prendre, ce qui n'est pas le cas au cinéma.

Les *organization men*

Contrairement à ce qui prévalut pendant longtemps, la mafia ne tue que très rarement aujourd'hui, aussi rarement que possible, en réalité. Ainsi que l'exprime plaisamment Donald R. Cressey, dans son livre : « le *modus operandi* de la confrérie a beaucoup changé depuis l'époque où les Siciliens moustachus se revolvérisaient mutuellement avec l'enthousiasme des héros d'un western italien. Les Maranzano et les Masseria[1] ont été remplacés par les *organization men* diplômés d'université d'aujourd'hui. Où le chef de gang n'apparaissait jadis qu'encadré de gardes du corps, il apparaît aujourd'hui encadré de conseillers fiscaux et d'hommes de loi. »

Il est de fait qu'aux Etats-Unis, le *lawyers* (homme de loi) est aujourd'hui cent fois plus efficace que le pittoresque tueur professionnel du bon vieux temps... mais aussi cent fois plus coûteux. Les lawyers qu'emploie la mafia ne sont jamais des moindres. Lorsque l'emploi légal de ces ruineux mercenaires ne suffit pas, la mafia passe simplement à la tactique illégale consistant à mettre les juges et les procureurs dans sa poche.

Ceci est beaucoup plus facile qu'on ne le croit dans un pays où les magistrats sont élus, et non nommés, comme en France par exemple. Ce sont

1. Deux grands chefs de la première génération de la mafia des USA. Ils périrent tous les deux dûment revolvérisés.

des hommes politiques qui ont besoin de votes pour acquérir et conserver leur place, et d'argent pour leurs campagnes électorales. Or la mafia se trouve disposer d'une abondance d'argent, de votes et d'influence...

Il est aussi des officiers de police élus, notamment le fameux shérif cher aux amateurs de westerns. Autre fait peu connu en France : il y a toujours des shérifs aux Etats-Unis, et pas seulement dans l'ouest. Il en existe autant qu'il y a de counties (comtés, districts) sur tout le territoire américain, englobant des villes comme New York et Chicago. Ce qui est vrai pour les magistrats l'est aussi pour les shérifs, les capitaines de police et bien d'autres représentants de la loi. Sans parler bien entendu des politiciens d'espèces plus connues, tels que les députés, les sénateurs et surtout les maires et les conseillers municipaux, qui disposent, aux Etats-Unis, de pouvoirs et de prérogatives beaucoup plus importants que ceux dont disposent leurs homologues des municipalités françaises.

Révélations sensationnelles ?

Les révélations de Valachi avaient été décrites par Robert Kennedy (qui devait être assassiné en 1963) alors attorney general (procureur Général faisant fonction de ministre de la Justice) comme « les plus sensationnelles révélations que le FBI ait jamais obtenues depuis sa création ». Valachi avait fait partie de la mafia pendant trente ans. Il manquait totalement d'instruction et d'éducation, mais il était doué d'une mémoire extraordinaire. Il n'avait pas oublié le moindre détail de tout ce qu'il avait appris pendant tout ce temps sur la célèbre société.

C'était justement en 1920-1930 que, grâce à la prohibition, la mafia avait commencé à prendre sa fantastique importance aux Etats-Unis. Valachi avait dans la tête toute l'histoire moderne de la mafia américaine. C'est cette histoire que lui fait raconter Peter Maas dans son livre. Les révélations n'étaient toutefois pas réellement aussi sensationnelles que l'affirmait Robert Kennedy. D'autres « canaris » (mouchards) avaient chanté avant Valachi. Une bonne partie des mafiosi de l'époque historique étaient décédés, généralement de mort violente. Les papiers de Valachi permirent d'élucider quelques assassinats et d'arrêter quelques criminels en fuite. Mais Valachi, quoique confessant avoir été lui-même un mafioso, ne se reconnaissait coupable d'aucun assassinat, et se donnait dans son récit une sorte de beau rôle qu'il n'eut certainement pas dans la réalité.

Ces révélations furent conservées secrètes pendant longtemps, afin de ne pas donner l'éveil aux divers personnages qu'elles pouvaient permettre de traduire en justice... probabilité qui ne fut que très faiblement réalisée. La prose de Valachi était par ailleurs difficilement publiable, car son auteur employait un langage argotique, grossier et souvent obscène. Il était aussi extrêmement hasardeux de produire en public, même devant le tribunal le mieux gardé, un homme dont le nom figurait en grosses lettres sur un contrat de cent mille dollars émis par la mafia (ces fameux contrats n'étaient ni écrits, ni signés ; ils étaient purement verbaux, ce qui ne leur enleva d'ailleurs jamais rien de leur efficacité.).

Une affaire historique

L'une des grandes affaires sur lesquelles les papiers de Valachi donnèrent quelque éclaircissement concernait le spectaculaire assassinat d'Alberto Anastasia, un des grands chefs de la mafia de New York City[1]. Les causes de cet assassinat remontaient à une trentaine d'années en arrière ! A cette époque, Vito Genovese, le capo de la famille de la mafia de Manhattan, dut s'enfuir précipitamment dans son Italie natale pour éviter d'être arrêté. Frank Costello, le chef de la famille voisine, prit en charge l'administration de l'empire de Genovese, privé temporairement de son chef. En 1945, les Américains, qui occupaient l'Italie, s'emparèrent de Genovese et le ramenèrent aux USA pour le faire juger à New York. Mais le principal témoin de l'accusation, que le FBI conservait précieusement en prison, mourut dans sa cellule, la veille du jour où il devait témoigner devant le tribunal : sa ration de pain avait été empoisonnée. Et Genovese fut acquitté !

Frank Costello rendit à Genovese son secteur et sa famille, mais il conserva une banque de loterie sur les chiffres qui lui rapportait un énorme revenu, et qu'il affirmait s'être créé à titre personnel dans le secteur de Genovese. Furieux, ce dernier envoya un des mafiosi de la famille faire les sommations d'usage à Costello. Au cours de sa tentative de persuasion, l'envoyé tira sur Costello pour qu'il démissionne de sa fonction de capo, et repasse la famille et le

1. Pour les Américains, New York désigne généralement l'Etat qui porte ce nom. S'agissant de la ville, ils ont l'habitude de dire New York City. Nous n'en tiendrons que rarement compte ici tout en précisant s'il y a lieu.

business à Anastasia, lequel n'était jusqu'alors que le lieutenant de Costello.

Genovese se refusa à reconnaître ce changement de direction dans le secteur voisin du sien ; de son côté, Anastasia jura de venger Costello. Cette menace était redoutable car Anastasia était réputé pour être le plus implacable et le plus téméraire des tueurs. Genovese décida de le devancer et envoya deux de ses gorilles l'exécuter à coups de revolver alors qu'il se faisait raser dans le salon de coiffure du Sheraton Park Hotel en plein milieu de Manhattan. Les indications pour ce célèbre assassinat avaient été données à Genovese par un des lieutenants d'Anastasia, jaloux de son chef et désireux de le remplacer comme capo dans la famille.

Légendes et rituels

Un des rituels mafiosiques qui a fait couler beaucoup d'encre est celui du cérémonial précédant l'exécution officielle d'un des membres de la mafia. D'après ce rituel, la victime doit être tuée soudainement et sans avoir eu l'occasion de s'y attendre. Elle doit être invitée à dîner, être royalement nourrie et abreuvée de vins fins avant d'être exécutée, suivant la vieille tradition sicilienne, l'arme à employer étant un fusil de chasse (à canon scié, naturellement), si possible. Une autre partie du rituel très largement portée à l'écran veut que l'exécuteur embrasse sa victime, sur la bouche, à la fin du festin et avant l'exécution. Traditionnel est le baiser de la mort. Il est possible que de tels rites fantasmagoriques aient eu lieu dans le passé, en Sicile, mais il est peu probable qu'ils aient jamais existé aux Etats-Unis.

L'intronisation

La cérémonie d'initiation et d'acceptation d'un nouveau membre de la mafia constitue un autre rituel mafiosique abondamment exploité par la littérature et le cinéma. Cette cérémonie se déroulait dans la salle de réunions d'un restaurant italien, autour d'une grande table de banquet. Les dirigeants de la famille se tenaient debout autour de la table. Le capo présidait la cérémonie, une chaise vide à sa droite. Lorsque tout le monde était en place, il disait au candidat mafioso de s'y asseoir. Au même moment, tout le monde s'asseyait autour de la table. Puis un des mafiosi en titre posait un pistolet et un poignard sur la table, juste devant le nouveau membre. Le président se levait ensuite de sa chaise, et tous les autres l'imitaient. Les assistants se tenaient par la main, et le président prononçait quelques paroles, en italien. Puis il s'asseyait de nouveau, et tous faisaient de même. Il s'adressait alors au candidat et lui disait, toujours en italien, en montrant du doigt le poignard et le pistolet : « Ces objets sont ce dont tu vivras, et tu mourras aussi par le pistolet et le poignard. Avec quel doigt appuies-tu sur la détente ? » « Celui-ci », répondait le candidat, en montrant généralement son index de la main droite. Après quoi le président commandait au nouveau membre de former une coupe avec ses deux mains. Puis il y déposait un morceau de papier, y mettait le feu avec une allumette et ordonnait au candidat, qui faisait aller et venir le papier enflammé entre ses mains, de répéter avec lui : « Ceci est la façon dont je brûlerai si je trahis les secrets de la mafia. » Le président ajoutait : « Il est deux choses importantes dont tu as à te souvenir. Enfonce-les-toi bien dans la tête. La première est que, si tu trahis les secrets de la Cosa Nostra, tu encourras la mort sans jugement. La deuxième est que si tu violes l'épouse de quelque autre mafioso que ce soit, tu mériteras la même peine. Regarde les épouses, admire-les si tu veux, mais conduis-toi bien avec elles ! »

Le lien du sang

Finalement, le président de la cérémonie se levait et annonçait : « Tout le monde debout ! Pointez un doigt, de zéro à cinq ! » Tous les assistants montraient leur main droite en même temps. Quelques-uns ne pointaient aucun doigt ; d'autres en pointaient deux ou trois. Lorsque tous les doigts avaient été pointés, le président en additionnait les nombres. Puis il commençait à compter les hommes, à partir de sa gauche. Lorsqu'il arrivait au total du nombre de doigts pointés, il s'arrêtait sur l'homme ainsi désigné et annonçait au candidat : « Voilà ; c'est lui qui sera ton *gombah*, c'est-à-dire ton parrain et responsable pour toi. » Le parrain du nouveau mafioso lui demandait alors de lui tendre le doigt avec lequel il pressait la détente, le piquait d'une épingle et le pressait jusqu'à ce qu'il en sorte une ou deux gouttes de sang. A ce moment, le président concluait : « Ce sang signifie que nous sommes maintenant une seule famille. En d'autres termes, tous liés les uns aux autres. »

La cérémonie n'avait duré qu'une quinzaine de minutes. Le nouveau mafioso laissait la place à un autre candidat, et le même rituel recommençait. Lorsque tous les candidats – jamais plus de trois ou quatre à la fois – avaient été acceptés, le président faisait enlever le pistolet et le poignard de la table puis donnait le signal du festin.

Beaucoup plus tard, le président et ses confrères félicitaient les nouveaux membres, puis discutaient des affaires courantes : attribution de secteurs d'exploitation, remplacement de capi décédés, exécution de traîtres et autres bagatelles destinées à impressionner les tout nouveaux mafiosi et à leur montrer que tout n'avait pas été que paroles et gestes symboliques.

Comme on l'a vu, l'une des lois les plus sacrées de la mafia était que les épouses légitimes soient protégées. Bien qu'il soit accepté que des *girl friends* ou des *gun molls* (compagnes d'un gangster) puissent porter des armes et même aider à prendre des ennemis au piège, les épouses des mafiosi n'étaient pas engagées dans les activités du gang, sauf en cas d'absolue nécessité. Ceci découlait d'une vieille tradition de la mafia sicilienne concernant la protection sacrée des épouses, des mères et des sœurs. Mais même cette tradition n'était pas toujours strictement respectée. Il pouvait alors devenir fatal pour un membre de la mafia de prendre pour maîtresse une femme appartenant à une autre famille mafiosique. Une autre tradition stipulait que la vie d'une femme du clan ne devait pas être mise en danger dans le cours d'une exécution ou d'un règlement de comptes, ce qui d'ailleurs ne se produisit que très rarement dans l'histoire de l'Honorable Société.

Il est difficile de dire aujourd'hui qui est éligible pour se joindre à la mafia, qui se joint à elle, ou quels sont les membres qui, de par leurs affiliations familiales, sont en quelque sorte des mafiosi héréditaires. Il est toutefois évident que l'on devient souvent mafioso par parrainage familial, par exemple un père parrainant son fils, un oncle son neveu, un frère son frère, etc. De toute façon, la politique de la mafia consiste à renforcer systématiquement les liens familiaux par la multiplication des mariages, ce qui renforce la cohésion de la confrérie.

Les cinq commandements de la mafia

Les devoirs et obligations d'un membre de la mafia sont les suivants :

1. Aide réciproque à tous les membres en cas de besoin, quel qu'il soit.
2. Obéissance absolue à tous les dirigeants de la Confrérie.
3. Une offense reçue par un des membres doit être considérée comme une offense envers la Confrérie entière et doit être vengée à tout prix.
4. Ne jamais avoir recours aux autorités gouvernementales pour obtenir justice, sous quelque circonstance que ce soit.
5. Ne jamais révéler les noms des membres ni quelque autre secret de la Confrérie que ce soit.

Ce code a été celui de nombreuses autres confréries et sociétés secrètes, et il semble être aujourd'hui plutôt démodé. Mais il n'en est pas moins *deadly serious* (mortellement sérieux), comme le disent les Américains, et ainsi que n'ont pas eu le temps de s'en apercevoir les mafiosi qui ont eu l'audace d'y contrevenir !

LES PREMIERS PAS DES ITALIENS

A propos de la mafia américaine, on ignore généralement que les Siciliens et Italiens n'ont pas inventé le crime organisé aux USA. Lorsque la première grande vague d'immigrants italiens arriva à New York vers la fin du XIXe siècle, elle y trouva un *underworld*, un gangland, un milieu criminel déjà florissant, aux mains des immigrants qui y étaient arrivés avant eux, c'est-à-dire, principalement et par ordre d'arrivée, les Irlandais et les Juifs. En réalité, tous les groupes raciaux des Etats-Unis produisirent leurs bandes de gangsters organisées à un moment ou à un autre, y compris les bonnes vieilles tribus de race anglo-saxonne elles-mêmes, par exemple celle de Jesse Woodson James et ses joyeux bandits, dans les Etats du Sud. Les Noirs firent exception : tous n'étaient pas des saints, naturellement, mais il n'y eut jamais de mafia noire aux USA.

Ce n'est donc pas par hasard si les noms juifs abondèrent dans le gangstérisme, à New York et à Chicago, et plus spectaculairement encore dans l'état-major de Murders, Incorporated. Ce que les nouveaux venus italiens – principalement originaires de

Naples, de Calabre, de Sicile et autres régions pauvres du sud du pays – apportèrent avec eux fut une *clannishness*, un attachement au clan, un mépris de l'autorité légale et un talent d'organisateur qui devait les faire dominer pendant près d'un siècle l'essentiel du racketeering aux USA.

Des membres de la mafia sicilienne figuraient naturellement parmi cette première vague d'immigrants italiens. Ils trouvèrent à New York un terrain des plus favorables à leurs entreprises. Et ils ne perdirent pas de temps à mettre en vigueur leurs habituelles méthodes de domination par la terreur et l'assassinat. Leurs compatriotes, désorientés sur une terre étrangère dont ils étaient incapables de comprendre et de parler la langue, effrayés de s'adresser à la police, constituaient, pour les mafiosi une proie facile. Ces gens se soumettaient aux exigences des maîtres chanteurs et permirent à une minorité de bandits d'exercer un pouvoir démesuré. Les plus téméraires d'entre eux, qui essayaient de défier la Main noire, à New York, étaient torturés ou tués pour servir d'exemples aux autres. Une spécialité de ces premiers mafiosi américains était la fabrication de la fausse monnaie, qu'ils écoulaient parmi leurs propres concitoyens italiens, réduisant au silence ceux qui osaient émettre des plaintes.

De ce fait, la police de New York City se trouva handicapée dès le début. De respectables et laborieux Italo-Américains devenaient évasifs ou refusaient de répondre aux questions des enquêteurs. Ils étaient trop effrayés pour se risquer à parler, même aux policiers en lesquels ils avaient habituellement confiance. Il était par ailleurs impossible de réunir un jury d'instruction lorsque des inculpés étaient membres de la mafia.

Lorsque des Italiens étaient cités à témoigner, ils se récusaient sous un prétexte ou un autre, se faisaient porter malades, ou disparaissaient purement et simplement. Vers le tournant du siècle, la police de New York créa une *Italian squad*, une escouade italienne, spécialement affectée à la lutte contre la mafia, avec pour chef le détective Joseph Petrosino (qui devait être assassiné par la mafia, à Palerme, en 1909). Cette escouade fut par la suite supprimée, pour des raisons politiques. Son nom avait en outre une connotation raciste (Il en fut de même à Paris, et pour la même raison politique, de la brigade nord-africaine, qui opéra pendant un certain nombre d'années contre les délinquants et criminels originaires de l'Afrique du Nord alors française.).

Discrimination

Le ressentiment contre la discrimination qui régnait dans toutes les Petites Italies de New York et des autres grandes villes américaines facilita beaucoup la mainmise de la mafia sur le monde italo-américain. Peu importait que le Nouveau Monde eût été découvert par un Italien, ou que la culture et la civilisation occidentale se fussent développées dans des capitales telles que Rome ou Venise. Le préjugé contre les Italiens était virulent, même s'il n'était pas exprimé ouvertement.

La plupart des Siciliens et des Italiens étaient encore exclus de la vie américaine en tant que *wops* et dagoes, en un temps où les Juifs et les Irlandais réussissaient à se frayer un chemin sur les plans économique et politique. De ce fait, un jeune homme qui se sentait méprisé parce qu'il mangeait des spaghetti, ou parce que son père ne parlait qu'un mauvais américain, ne pouvait s'empêcher de ressentir au fond de lui-même une certaine satisfaction de savoir qu'un Alfonso Capone était le maître de Chicago, ou qu'un Salvatore Lucania dictait ses ordres aux plus importants WASP (*White Anglo-Saxon Protestants*) de New York.

Il apparaissait aussi de manière évidente que les premiers Italiens qui réussissaient à franchir les barrières raciales des quartiers riches étaient le plus souvent des gangsters, riches et puissants. Le gangstérisme devint le rêve de beaucoup de jeunes résidents des quartiers pauvres, le seul moyen rapide, et souvent le seul moyen possible d'échapper à la pauvreté et à la médiocrité.

Il existait un autre moyen d'évasion, beaucoup plus difficile et limité : la boxe professionnelle que l'on pratiquait dans les nombreux clubs de quartier. Mais là encore, les jeunes Italo-Américains étaient presque toujours obligés de prendre des noms de guerre anglo-saxons ou irlandais, plus faciles à prononcer pour les Américains. C'est ainsi qu'un jeune champion porteur du nom magnifiquement américain de Bobby Doyle s'appelait de son vrai nom Girolamo Santucci, un patronyme que n'aurait jamais pu prononcer correctement un Américain d'origine anglo-saxonne. Comme chacun sait, c'est la boxe professionnelle qui permit à une autre minorité jadis défavorisée, celle des Noirs, de s'élever également à de meilleures situations dans la société américaine. Elle permit même à beaucoup d'entre eux d'acquérir de confortables fortunes.

Dénigrement politique

Lorsqu'en 1972, l'ex-gouverneur de l'Etat de Washington, Alberto Rosellini, perdit sa réélection, une des choses qui lui nuisit le plus fut une campagne de dénigrement anti-italienne, conduite avec force gadgets au nombre desquels des étiquettes de pare-chocs adhésives sur lesquelles on pouvait lire : « *Does Washington State Really Need a Godfather* ? » (L'Etat de Washington a-t-il réellement besoin d'un parrain ?)

Lorsqu'il y a discrimination, il y a inévitablement réaction. Ce fait expliquait pourquoi des milliers d'Italo-Américains honnêtes obéissaient, et obéissent toujours aux ordres de grève des syndicats dominés par la mafia, et aussi pourquoi ils assistaient en masse à des manifestations patriotiques italiennes organisées par des chefs de la mafia, Joe Colombo notamment.

Joe Colombo, sur lequel nous reviendrons, fut l'un des plus importants parrains de la mafia. Mais les grands chefs de la mafia étaient appelés par les mafiosi les Dons, un titre beaucoup plus prestigieux et respectueux. Les Dons sont les grands chefs dont l'influence s'exerce au-delà du commandement de leur propre famille. Chaque Don régit, suivant son pouvoir, une certaine catégorie de crimes, ou dirige la coordination entre familles sur un territoire déterminé. Un autre Don très important était Joe Profaci, le coordinateur du secteur de Brooklyn, à New York.

En tant que coordinateur d'un secteur de cette importance, un Don reçoit tribut de ceux qui contrôlent les diverses catégories de rackets pratiqués sur le territoire. Lucky Luciano, par exemple, un autre Don de grande importance, collectait les revenus de la prostitution et du trafic des narcotiques. D'autres collectaient ceux de l'usure, de l'extorsion de fonds, du *bootlegging*, des distributeurs automatiques (que les Américains appellent, plus justement, des *vending machines*), et d'innombrables autres rackets de toute sorte. L'appellation de Don n'est pas décernée officiellement. Un Don se révèle de lui-même apte à acquérir une situation d'importance dominante. Le Don d'une grande agglomération métropolitaine est plus important que celui d'une petite ville. Les plus importants possèdent une part d'un racket à l'échelle nationale, plus les rackets d'une grande zone métropolitaine. Ils siègent au Grand Conseil, représentant les plus importants rackets, les plus importants territoires, et, en fait, la mafia elle-même.

Une industrie familière ... et familiale

Le racketeering italien ne commença à devenir une force d'envergure nationale qu'au début des années 1920. Le catalyseur fut naturellement la prohibition. En addition à ces deux vieux businesses classiques, la prostitution et les jeux d'argent, il arrivait maintenant sur le marché un nouveau produit illicite que des dizaines de millions d'Américains désiraient ardemment : l'alcool. Et celui-ci apporta au racketeer richesses et considération au-delà de ses rêves les plus fantastiques. Tout le monde des gangs, jusqu'alors monopolisé par les Irlandais, les Juifs, et à un moindre degré les Polonais, bénéficia du pactole de la prohibition.

Pour les gangsters italiens en particulier, c'était

enfin la chance de pouvoir s'élever dans le big time : les affaires de grande envergure. Le bootlegging était une industrie qui leur était déjà familière. Pendant les années d'avant la prohibition, des milliers de petites distilleries familiales avaient tourné à toute vapeur dans les quartiers semblables à des ghettos où les immigrants italiens, comme l'avaient fait d'autres groupes raciaux avant eux, tendaient à se concentrer après avoir débarqué aux USA. De ce fait, les Italiens étaient déjà en place pour se lancer sur l'énorme marché assoiffé qui venait de s'ouvrir, et sur lequel ils ne cédèrent plus rien à qui que ce soit.

MURDERS, INCORPORATED

Ce titre spectaculaire, qui a connu et connaît toujours un succès considérable dans la littérature « gangstérique » américaine, désignait une *combination* constituée à New York dans les années 1930 et 1940, dont le business était celui que l'on pourrait décrire comme l'assassinat sur commande, contre paiement approprié naturellement. L'affaire elle-même connut un grand succès commercial, parce que le système présentait de gros avantages pour sa clientèle de gangsters, et aussi de clients ordinaires, si l'on peut dire, qui lui confiaient le soin d'assassiner pour eux les ennemis, les témoins gênants, éventuellement aussi les amis qu'ils désiraient voir disparaître. L'intérêt principal était qu'il n'existait aucun lien entre les assassins professionnels de Murders, Incorporated et les clients qui avaient passé commande, ni aucun lien entre les assassins et leurs victimes.

C'est en effet en enquêtant parmi les relations de la victime d'un assassinat que la police en arrive le plus souvent à retrouver son assassin. Ces relations ne signifiaient rien dans le cas des victimes de

Murders, Incorporated. Les instigateurs du meurtre payaient Murders, Incorporated et ne connaissaient même pas le nom des exécuteurs eux-mêmes. Une autre habileté de la célèbre *combination* consistait à faire commettre ses crimes par des tueurs professionnels d'importation. Lorsqu'il fallait abattre un homme à New York, par exemple, Murders, Incorporated faisait venir deux ou trois gunmen de Chicago. Ceux-ci remplissaient leur mission pour être de retour dans leur ville avant que la police ait été alertée, ou même avant que leur victime ait été découverte.

Murders, Incorporated est généralement abrégé en Murders, Inc., comme pour le titre commercial d'une corporation normale, abréviation peut-être encore plus évocatrice. L'association criminelle ne fut bien entendu jamais réellement « incorporated », inscrite au registre du commerce, dirions-nous en français. Mais ses chefs ne restèrent pas inconnus, bien que le nombre en ait varié, et que l'un ou l'autre d'entre eux disparût lui-même de temps à autre, généralement de façon violente. Il semble que le système fut inauguré à New york par un gang d'exécuteurs dirigé par les deux célèbres gangsters juifs Benjamin (Bugsy) Siegel et Meyer Lansky cités par ailleurs dans cet ouvrage. Ce gang était connu sous le nom de *The Bug and Meyer Mob* (les mots mob et mobster ont remplacé gang et gangster dans le langage américain moderne) opérant à New York et au New Jersey. Il devança, en fait, Murders, Inc. de quelques années.

Deux grands organisateurs

Mais les deux plus importants et dangereux criminels opérant sous le signe de Murders, Inc., juifs également, s'appelaient Louis (Lepke) Buchalter et Jacob (Gurrah) Shapiro. Il y en avait d'autres comme Arnold Rothstein et Jacob (Little Augie) Orgen. Le Conseil d'administration de Murders, Inc. comptait aussi d'importants mafiosi, tels qu'Anastasia, Costello, Luciano et Moretti. Un autre était Abe (Abraham) Reles, un méprisable « canari » qui fait l'objet d'un chapitre spécial de ce livre. C'est à Reles que la police new-yorkaise dut ses premiers éclaircissements sur Murders, Inc. et sur quelques-uns des plus célèbres exploits criminels de la spectaculaire corporation. Il est à noter ici que la police de New York n'eut pas plus de succès que n'en eut celle de Chicago dans la lutte contre les gangsters. Comme les célèbres *Keystone cops*, les escouades de flics comiques de l'époque du cinéma muet, les policiers arrivaient toujours trop tard... à temps cependant pour faire transporter les cadavres à la morgue, établir les constats et les ajouter à leurs dossiers d'affaires criminelles non éclaircies !

Buchalter et Shapiro avaient débuté dans les rackets en organisant les syndicats professionnels de New York City, notamment ceux des dockers et des ouvriers de la confection. Cela signifie qu'ils en avaient pratiquement pris possession par l'intimidation, le recrutement forcé, l'extorsion et au besoin l'assassinat. Ce qui les avait amenés au Comité directeur de Murders, Inc. Après avoir survécu pendant plus de vingt ans aux attaques des bandits de New York de toutes espèces, ils finirent par succomber, incroyablement, aux forces de la loi. Buchalter passa sur la chaise électrique en 1944, condamné pour un assassinat commis lors d'une guerre des rackets dans le Garment Center (le Centre de l'Industrie de la confection) de New York City, un quartier qui reste d'une extrême importance dans la vie new-yorkaise actuelle. Buchalter reste le seul des grands chefs de gang américains à avoir été exécuté légalement. En fait, lorsque des mafiosi ou autres étaient arrivés au faîte du pouvoir criminel, il était rare qu'ils soient simplement envoyés en prison. Jacob (Gurrah) Shapiro fut une autre exception. Condamné pour meurtre à l'emprisonnement à vie, il mourut en prison en 1947.

Un autre Shapiro, dont le prénom est malheureusement resté perdu pour l'Histoire, mais qui n'était probablement apparenté que de très loin avec Jacob, eut, lui, une fin beaucoup plus traditionnelle et folklorique ... normale, pourrait-on dire, pour un gangster de l'époque. Dans les années de la Grande Dépression, ce Shapiro était un simple *controller* pour une branche du *numbers racket* de la mafia new-yorkaise. Mais il avait eu l'ambition prématurée de vouloir s'emparer de la banque elle-même et de l'exploiter pour son compte avec deux autres acolytes. Il fut enlevé un soir par deux mafiosi, Joe Rao et Vincent Alo, étranglé, assommé et logé dans un fût à essence métallique, que les tueurs remplirent de ciment liquide. Un peu plus tard, toujours dans la grande tradition gangstérique, ils allèrent jeter le fût dans l'East River, d'où Shapiro n'a certainement pas bougé depuis.

Les P-DG de Murders, Inc.

La mafia new-yorkaise était étroitement alliée avec Murders, Incorporated. D'après une liste établie beaucoup plus tard, et beaucoup trop tard, par la police (établir des listes est à peu près tout ce que la police américaine réussit à faire dans sa lutte contre le crime organisé), le Grand Conseil d'administration de la corporation avait comporté les noms de Siegel, Lansky, Schultz, Shapiro, Buchalter, Costello, Luciano, Doto, Pisano, Genovese, Moretti ... un remarquable équilibre biracial judéo-italien. Les Juifs réussirent à s'assimiler à la société américaine plus rapidement et plus facilement que les Italiens ou les Siciliens ; les noms juifs disparurent peu à peu du monde des gangsters, alors que les noms italiens y prenaient une prépondérance qu'ils conservent encore de nos jours.

L'intérêt de Murders, Inc. à s'associer avec la mafia était dû au fait que les grands chefs mafiosi disposaient des possibilités et des ramifications nécessaires pour opérer dans toutes les grandes cités américaines. Ceci mettait Murders, Inc. à même d'exécuter des *contracts* pour le compte de tout l'underworld, le monde des rackets des USA, et expliquait la terreur avec laquelle le nom de la légendaire corporation criminelle était prononcé à son époque. Aujourd'hui, de tels contrats sont toujours exécutés, mais plus selon un plan systématique à l'échelle nationale comme l'était celui de Murders, Incorporated, sorte de General Motors du crime. Ses funestes activités semblent avoir pris fin dans les dernières années précédant la Seconde Guerre mondiale.

La mafia elle-même n'avait pas toujours recours aux bons soins des spécialistes de l'assassinat sur commande de Murders, Inc., notamment en ce qui concernait ses exécutions officielles. Elle avait toujours eu ses propres exécuteurs, et elle les a vraisemblablement toujours encore. Les activités de la mafia en général avaient en effet toujours eu un aspect rituel et traditionnel. Ceci était particulièrement vrai en ce qui concernait l'exécution d'un traître ou d'un mafioso désobéissant aux serments solennels qu'il avait prêtés lors de son admission dans la Confrérie.

La condamnation devait être prononcée par le capo. Elle était mise à exécution par un « soldat », un membre ordinaire, auquel était signifié le contrat, contrat purement verbal. Il était tenu d'en remplir les conditions, sous peine de devenir lui-même la victime d'un exécuteur plus sûr que lui. Les moyens, et au besoin les armes nécessaires à l'accomplissement de sa tâche lui étaient fournis par le capo, ou par un de ses lieutenants dans la famille. L'exécuteur était également payé après l'exécution par son chef de famille. Les honoraires des assassins se chiffraient par centaines de dollars, parfois par milliers, par dizaine de milliers en cas de victimes importantes ou de risques exceptionnels. Ainsi, l'élimination du « canari » Joseph Valachi dont on a déjà parlé avait été évaluée à cent mille dollars, une petite fortune à l'époque.

La mort dans un fauteuil

Le plus célèbre assassinat jamais perpétré à New York fut celui d'un des plus puissants mafiosi et membres de ce que l'on aurait pu appeler le Conseil exécutif de Murders, Inc., Alberto Anastasia lui-même, le 25 octobre 1957. Par un de ces frais matins qui incitent les New-Yorkais à flâner dans les rues de Manhattan, Anastasia entra nonchalamment dans le salon de coiffure du Park Sheraton Hotel, dans la Sixième Avenue, pour s'y faire raser, comme à son habitude. Il se trouvait alors onze personnes dans le salon : cinq coiffeurs, deux clients, une manucure et trois cireurs de chaussures. Anastasia salua tout le monde, puis s'allongea, détendu, dans son fauteuil habituel. Le barbier lui couvrit le visage avec des serviettes chaudes et se mit à aiguiser son rasoir. Pendant ce temps, son chauffeur et garde du corps sortait de la boutique et démarrait dans la grosse limousine de son patron. On n'a jamais su exactement s'il était le complice des exécuteurs. Toujours est-il que quelques secondes après son départ, deux tueurs masqués qui s'étaient frayé un chemin à travers la foule d'un des corridors du grand hôtel firent irruption dans le salon de coiffure, revolver au poing. Sans dire un mot, ils repoussèrent le coiffeur et tirèrent à plusieurs reprises sur le gangster, le visage toujours abrité sous les serviettes. Anastasia s'effondra sur le sol, tandis que les deux hommes continuaient à tirer sur lui.

Après quoi, ils s'enfuirent, vraisemblablement par le métro. L'une des armes du meurtre, un 9,5 mm, fut trouvée dans le corridor de l'hôtel. L'autre, un 8 mm, fut découverte dans une boîte à ordures de la station de métro qui se trouve au-dessous de l'hôtel. Ni l'une ni l'autre ne put être identifiée, ni leur provenance découverte.

Un tireur maladroit

Frank Costello avait succédé à Lucky Luciano à la tête de sa famille. Francesco Castiglia de son vrai nom, il avait des idées personnelles au sujet de la conduite des rackets. Il avait interdit à ses hommes de se livrer au trafic de la drogue pour deux raisons. L'une parce qu'il se rendait compte qu'il y avait racket et racket : le bootlegging (trafic de l'alcool) et le *gambling* (exploitation des jeux d'argent), par exemple, étaient largement acceptés, ou considérés avec indifférence, par le public. L'autre parce que le trafic de l'héroïne créait non seulement une mauvaise réputation à la mafia, mais risquait d'attirer sur toutes ses activités les foudres de la police. Ainsi la mafia redoutait particulièrement l'activité accrue du Narcotics Bureau, un organisme relativement nouveau. Toutefois, un autre des grands chefs de la mafia, Vito Genovese, avait des idées différentes, et il estimait avoir, lui aussi, des droits au poste de commandement suprême, dont il décida d'éliminer Costello.

Au soir du 2 mai 1957, Frank Costello alla dîner à l'Aiglon, un établissement dont le nom français indiquait un restaurant de grande classe, comme il seyait à un capo de l'Honorata Societa. Vers onze heures environ, il revint en taxi au building où il avait son appartement, sur Central Park West. Au moment où il traversait le vestibule, une voix s'éleva : « Ceci est pour toi, Frank ! » Costello se retourna ;

un coup de feu retenti : il s'effondra. Quelqu'un appela une ambulance. Costello arriva peu de temps après à l'hôpital Roosevelt, le sang coulant sur son visage. Il n'était pas sérieusement blessé toutefois : la balle n'avait fait que lui érafler le crâne.

D'après des révélations ultérieures, le gunman était un ex-boxeur professionnel du nom de Vicente Gigante, surnommé the Chin (le Menton) pour des raisons apparemment morphologiques. Vicente Gigante, en gangster consciencieux, s'était exercé au tir au pistolet pendant plus d'un mois, sans devenir pour autant un tireur très efficace. Il eut, de plus, la maladresse supplémentaire de se faire arrêter pour tentative d'assassinat. Mais lorsqu'il fut jugé et confronté avec Costello, ce dernier déclara noblement, depuis le banc des témoins : « Je ne l'ai jamais vu de ma vie. » Vicente Gigante, the Chin, fut dûment acquitté, et disparut du tableau.

L'argent de poche...

Costello ayant été blessé par balle, l'hôpital avait dû prévenir la police et, pendant que les internes recousaient le sillon que la balle de Gigante avait creusé derrière l'oreille du mafioso, les policiers avaient fouillé, réglementairement, ses vêtements. Dans ses poches, ils trouvèrent 800 dollars en billets de banque. Cette somme, à l'époque très importante, n'était que de l'argent de poche pour un gangster de la haute hiérarchie mafiosique, ce que savaient parfaitement les *cops* (flics) qui s'occupaient de Costello.

Ils trouvèrent également une chose qui les étonna quand même, pour blasés qu'ils aient été.

Cette chose était un petit bordereau de comptes, sur lequel figurait entre autres une somme de 651 254 dollars comme chiffre des « recettes du casino au 27 avril ». Conduit au poste de police de la 54e Rue cette nuit même pour y être interrogé officiellement, Costello fit semblant d'être extrêmement étonné et déclara ne pas savoir du tout ce que signifiait le papier, ni comment il en était arrivé à se trouver dans sa poche. Plus tard, traduit devant un jury d'instruction, Costello se refusa à donner la moindre explication en invoquant le cinquième amendement à la Constitution, et fut condamné à un mois de prison pour refus de témoignage et mépris du tribunal.

En dépit du manque de coopération de Costello, la police de New York finit par retrouver à Las Vegas l'origine des « recettes du casino » mentionnées sur le fameux papier. Le chiffre coïncidait parfaitement avec celui des recettes de l'hôtel-casino Tropicana, pour les trois semaines précédant le 27 avril. L'enquête n'alla pas plus loin. Les cops de New York n'avaient pas juridiction au Nevada. Et, comme tous les policiers du monde, leurs confrères de Las Vegas n'aimaient pas que des agents d'autres secteurs viennent fourrer le nez dans leurs affaires locales. Ces 651 254 dollars d'il y a plus de trente ans étaient une somme fantastique. Ils donnent une idée de ce que pouvaient et peuvent toujours rapporter à la mafia l'ensemble des casinos de Las Vegas, de Reno et d'ailleurs, au Nevada.

Un complot dans un autre

Bien que la balle de Gigante n'eût fait que lui érafler le scalp, elle n'était pas passée très loin de son cerveau, et Costello *had seen the light*, comme disent les Américains : il avait compris. Il se retira de la compétition pour le commandement de l'importante famille mafiosique. Vito Genovese avait le champ libre. Mais il lui restait un problème : l'hostilité du terrible Anastasia. Celui-ci jalousait son avancement. Le problème avait pris beaucoup d'acuité lorsque Genovese avait appris qu'Anastasia complotait secrètement avec Costello, peut-être pour le persuader de reprendre le commandement de la famille.

Genovese était entré en contact avec le lieutenant d'Anastasia, Carlo Gambino, et les deux gangsters reconnurent avoir un intérêt commun à éliminer définitivement Anastasia. Ce dernier hors de la compétition, Gambino pourrait avoir le contrôle total et indiscuté de la famille. Gambino était entré dans le complot et avait confié le contrat à un de ses lieutenants, Joseph Profaci. Celui-ci confia l'exécution aux bons soins de ses meilleurs soldats du moment, les hommes du clan Gallo ... qui devaient eux-même comploter plus tard contre lui. Tout ceci est possible, mais n'a jamais été prouvé : les assassins d'Alberto Anastasia sont restés inconnus.

A propos de ces fameux contracts, dont il est si souvent question dans les histoires de mafiosi, il est à noter qu'il en existait deux sortes. Dans le cas le plus courant, le contrat désignait à la fois la victime et l'exécuteur, ainsi que la somme qui lui serait payée après l'exécution. L'autre type était un *open contract*, qui ne désignait que la victime et la somme qui serait payée pour son élimination. L'affaire était ouverte (*open*) à tout mafioso désireux de la mettre à exécution, et naturellement de toucher les dizaines de milliers de dollars qui en sont habituellement le règlement. Un open contract avait pour but l'élimination d'un personnage particulièrement dangereux ou particulièrement répulsif, un mouchard ou un traître par exemple.

QUI A TUÉ SAM GIANCANA ?

Sept minutes avant minuit, le jeudi 19 juin 1975, le concierge et gardien d'une demeure de luxe de la banlieue résidentielle d'Oak Park (le Parc des Chênes), à Chicago, découvrit son employeur, *quite dead*, tout à fait mort, comme disent plaisamment les Américains, sur le carrelage de la cuisine en sous-sol de la villa. Ce concierge était un certain Joseph Dispersio, 82 ans. Son défunt patron était le grand chef des rackets de Chicago du moment : Sam Giancana, un cousin du regretté Al Capone, lequel avait regroupé sous ses ordres les membres dispersés du Syndicate d'Alfonso, et ceux de divers autres gangs chicagoans plus ou moins affiliés à la mafia. Sam Giancana, Momo pour les intimes, avait 65 ans ; il avait été tué de six balles de pistolet dans la tête et le cou. Les six douilles vides furent retrouvées sur le sol de la cuisine. Giancana avait sur lui plus de 1 400 dollars en billets de banque, ce qui éliminait le vol comme motif du crime.

Avoir toujours une grosse somme d'argent, cash, dans ses poches, était une vieille tradition pour un grand pontife du monde des rackets. Etre assassiné en était une autre. Dans ce cas, une petite chose ne cadrait pas avec la tradition : le calibre des balles qui avaient mis fin à l'existence de feu Momo. D'un calibre 22 (5,6 mm), elles désignaient l'arme d'un écolier, dont l'usage aurait profondément vexé Giancana lui-même s'il avait survécu à ses blessures. Les gunmen ne s'abaissent pas à mitrailler un client avec un calibre de moins de 38 (9,5 mm) ou 45 (11,5 mm). Et ils n'emploient pas un pistolet, mais un revolver, lequel n'éjecte pas les douilles. Ou bien ils utilisent un fusil de chasse à canon scié, qui ne laisse rien non plus derrière lui pour les experts en balistique.

Ce calibre 22 plongea dans la perplexité les enquêteurs de la police de Chicago et les experts de la mafia elle-même. Il semblait en effet écarter l'explication du crime la plus évidente, celle du *gangland murder*, le règlement de compte entre gangsters, ou l'élimination d'un chef de gang par un ambitieux, désireux de prendre sa place. D'après le chef du service judiciaire de Chicago, Peter Vaira, l'assassinat ne semblait pas être une exécution officielle de la mafia, et la façon dont le meurtre avait été commis l'amenait à croire qu'il avait pu avoir un motif purement personnel.

Sous les yeux de la police

Le meurtre de Momo Giancana avait pourtant été exécuté avec une habileté professionnelle. Il semble que son ou ses auteurs resteront à jamais impunis, comme le sont restés des centaines d'autres meurtriers depuis la Belle Epoque de la guerre des Gangs de Chicago (1920-1930). Le concierge, Joseph Dispersio, regardait et écoutait la télévision avec son épouse, dans une pièce du premier étage. Au bruit du téléviseur s'ajoutait celui d'un conditionneur d'air. Aucune trace d'effraction ne fut constatée. Ceci semblait indiquer que Giancana connaissait son meurtrier et l'avait introduit lui-même dans la maison. Il ne l'avait toutefois pas invité au petit *snack* qu'il s'était préparé pour lui seul dans la cuisine.

Curieusement Giancana était sous surveillance policière depuis plusieurs jours déjà. Cela signifiait que les agents du FBI et de la Police de Chicago, qui effectuaient discrètement cette surveillance, avaient vu entrer chez Giancana plusieurs visiteurs... et peut-être l'assassin lui-même. Ces espions furent à leur poste pendant tout l'après-midi et une partie de la soirée, jusqu'à 10 heures 30 environ. Ils partirent donc peut-être quelques minutes avant l'exécution de Momo. Peut-être le tueur attendait-il le départ des policiers. Etait-il informé de leur présence ?

Sam Giancana était rentré chez lui dans l'après-midi, venant de Houston, Texas, où il avait subi un traitement médical. Les sbires du Federal Bureau of Investigation virent donc entrer dans la maison plusieurs personnes invitées à une petite *home coming party* donnée par Giancana pour fêter son retour. Deux des invités étaient d'importants mafiosi chicagoans : Charles English et Dominic Blasi, accompagnés de deux filles et deux gendres de Giancana, et d'une de ses petites-filles, âgée de six ans. Vers 10 h 30, la party terminée, les invités prirent congé. Les policiers pensèrent que Giancana était parti avec eux et ils suivirent les voitures des invités, laissant la demeure de Momo sans surveillance. Cette réaction ne dut pas leur valoir des félicitations de leurs chefs, qui tenaient essentiellement à ce que Giancana reste en vie, pour des raisons qui deviendront évidentes un peu plus loin.

Le procureur d'Etat du *county* de Cook, la division administrative dans laquelle se trouve Chicago, fit citer Blasi et English devant un jury d'instruction, ainsi qu'Anthony Accardo, qui était alors un des *overlords* du gangland chicagoan, un homme dont l'approbation était indispensable pour toute exécution officielle de la mafia. Il ne semble pas que cette instruction ait abouti à des inculpations... ni à quoi que ce soit d'autre.

Bien que l'arme du crime fît penser à une vengeance personnelle, les autorités n'éliminèrent pas la possibilité d'une exécution mafiosique : Giancana était devenu un personnage gênant pour tout le monde dans le gangland. Les enquêteurs estimaient possible que le tueur ne soit pas entré dans la maison après la fin de la surveillance policière, mais qu'il y soit simplement resté après la fin de la petite party familiale. Une supposition qui, comme toutes les autres, est restée invérifiée.

Les cigares de Caïn

Une des choses qui avaient profondément déplu aux grands chefs de l'underworld de Chicago était la marée de publicité qui avait quelque temps auparavant déferlé sur Giancana, à propos de sa *connexion* avec la trop célèbre Central Intelligence Agency de Washington. Le but de la conspiration, qui ne fut révélé que quelques années plus tard, avait été l'assassinat de Fidel Castro, pour l'exécution duquel la CIA avait chargé Giancana de recruter un tueur muni des meilleures références que puisse posséder un assassin. Momo avait à cet effet engagé un bandit au nom prédestiné de Richard Caïn. Le financement de l'élimination de Fidel Castro avait été assuré par la CIA, pour 100 000 dollars ; et par la mafia, pour 90 000.

Caïn parlait couramment l'espagnol ; il recruta quelques autres bandits, de provenance hispanique, dans le ghetto du secteur ouest de Chicago. Il semble que le machiavélique personnage avait pensé éliminer Fidel Castro en utilisant des cigares empoisonnés ! Nul ne sait ce qui se passa ensuite. Une chose est certaine : Fidel Castro ne fut pas assassiné !

Richard Caïn continua à exercer diverses fonctions officielles à Chicago, à la fois dans les gangs et dans la police, et il resta l'homme de confiance de Giancana. Le 20 décembre 1973, deux hommes masqués le surprirent dans la Rose Sandwich Shop, un snack-bar de bas étage, dont la salle était abondamment décorée d'affiches du célèbre film *The Godfather*. Un des deux hommes appuya le canon d'un fusil de chasse calibre 12 (18,5 mm) sous le menton de Caïn et lui fit exploser la tête. Les deux tueurs masqués ne furent jamais retrouvés.

L'intérêt de la CIA dans le complot était naturellement politique. Celui de la mafia et de Giancana était financier. Momo et d'autres importants mafiosi avaient eu de vastes intérêts dans les casinos, les boîtes de nuit et les maisons de prostitution de La Havane, sous le régime du dictateur Fulgencio Batista. Fidel Castro avait fait fermer les uns et les autres après avoir renversé Batista, en 1959. Le but des gangsters de Washington en finançant l'élimination de Fidel était de remettre au pouvoir à Cuba un dictateur à la solde et aux ordres des USA. Quant aux gangsters de Chicago, ils voulaient reprendre à Cuba la fructueuse exploitation des maisons de jeux et de prostitution. L'échange d'avantages politiques contre des avantages monétaires a toujours été de pratique courante entre les divers gangs qui président, les uns légalement, les autres illégalement, aux destinées des grandioses Etats-Unis d'Amérique.

En attendant de lui restituer ses casinos et ses maisons closes de La Havane, la CIA avait rendu un important service à son bon ami et allié Giancana. Momo s'était trouvé à certain moment en difficulté avec sa maîtresse, la belle chanteuse de music-hall Phyllis MacGuire. Celle-ci s'était éprise d'un comédien du nom de Dan Rowan, ce qui déplaisait souverainement à Giancana. Les sbires de la CIA entrèrent un jour par effraction dans la chambre de Rowan, à Las Vegas, pour y rechercher des documents au moyen desquels ils pourraient persuader le comédien de laisser refroidir son flirt avec la chanteuse. L'opération réussit, semble-t-il, car la belle Phyllis était toujours la maîtresse de Momo lorsqu'il fut assassiné. Elle n'avait même pas la moitié de son âge mais, qu'à cela ne tienne, Momo avait un revenu estimé à un beau million de dollars par an, net d'impôt parce que parfaitement et totalement illégal.

D'autres possibilités...

Si le regretté Sam Giancana n'a pas été effacé par ses confrères en gangstérisme, d'autres exécuteurs possibles étaient naturellement ses bons amis et complices de la CIA. Il est plus qu'évident que le défunt Momo en savait très, trop long, sur les manœuvres sordides de cette organisation, sur laquelle il aurait pu en raconter plus qu'elle ne le désirait. Avant même d'être accusée d'avoir elle-même éliminé Giancana, la CIA s'était défendue de l'avoir fait. Un de ses porte-parole avait affirmé que l'Agency n'avait pas de motif de faire effacer Giancana, parce qu'elle était déjà en possession de tous les faits le concernant et qu'elle avait d'autres sources de renseignements sur les activités criminelles qui pouvaient lui être attribuées. Mais de toute façon, personne aux USA ne croit plus un mot de ce que peuvent raconter les hommes de la CIA en particulier, ni ceux du gouvernement de Washington en général.

A l'époque de l'assassinat de Sam Giancana, la CIA elle-même était l'objet d'une investigation par une commission d'enquête présidée par le vice-président Nelson Rockefeller. L'enquête était menée par un certain sénateur Frank Church, et elle se prolongea pendant plusieurs années, pour n'aboutir qu'à l'étouffement habituel à ce genre d'affaire... lorsque le public l'a oubliée et que son attention s'est tournée vers une autre. Sam Giancana était destiné à être appelé devant la Commisson Rockefeller, ce qui explique pourquoi sa vie était si précieuse et si surveillée. Son élimination fit certainement pousser de grands soupirs de soulagement à de nombreux personnages officiels, d'une manière ou d'une autre.

Sam Salvatore Giancana était toutefois un citoyen que l'on n'aurait pas pu faire parler facilement, un vrai dur formé à l'école du regretté Al Capone. En 1964-1965, il avait préféré faire un an de prison pour *contempt of court* (mépris du tribunal) plutôt que de répondre aux questions que lui posaient des magistrats trop curieux au sujet du crime organisé. C'était l'unique et plutôt humiliante victoire que la justice américaine avait réussi à remporter contre Momo. Celui-ci avait été arrêté et poursuivi pour un bon nombre de gangland murders (la police estimait qu'il avait au moins une cinquantaine de cadavres à son tableau de chasse), mais il n'avait été possible à aucun tribunal de le condamner.

Si feu Momo avait pu observer les choses du haut d'un éventuel Paradis des gangsters, quelque part dans le ciel de Chicago vraisemblablement, il aurait été sans doute très amusé de voir la justice et la police piétiner lamentablement à propos de son élimination. Il n'ignorait naturellement pas la grande tradition de la Belle Epoque, suivant laquelle les meurtriers de gangsters effacés restaient invariablement inconnus et impunis, ce qui fut le cas pour plus de sept cent meurtres !

THE NUMBERS RACKET

... aussi appelé the *policy game*, est une forme de jeu d'argent ignoré en Europe, mais d'un rapport considérable (et totalement illégal) pour la mafia et ses autres exploitants, principalement à New York, où ce racket des chiffres semble d'ailleurs avoir été inventé. Son autre nom, policy game, lui fut donné par analogie avec les polices d'assurance à un penny, qui étaient vendues aux USA dans les années 1920-1930. Jouer sur les chiffres équivalait à souscrire une assurance à bon marché. Le *numbers racket* est l'une des formes de jeu d'argent en masse les plus simples qui aient jamais été imaginées. Sa clientèle était pauvre, mais innombrable, recrutée principalement dans les bas quartiers et les ghettos des grandes cités, et comptant les Noirs parmi les joueurs les plus acharnés.

La règle en est simple : il s'agit de choisir trois chiffres, de 0 à 999, qui forment la combinaison gagnante pour un jour donné. Une chance sur mille de gagner ! mais le paiement au joueur gagnant n'est jamais de plus de 600 pour 1, et même souvent moins. La façon dont la combinaison gagnante est déterminée diffère suivant les villes et les régions des

USA : le tour d'une roue numérotée, le volume de dollars journalier sur le stock market (la bourse des valeurs), la combinaison gagnante du pari mutuel sur un terrain de courses désigné à l'avance, etc. New York avait sa propre version, fondée sur le pari aux courses. Les chiffres : gagnant, placé, troisième, pour les trois premières courses étaient additionnés, et le premier chiffre à gauche du point décimal du total devenait le premier chiffre de la combinaison gagnante. La même procédure était suivie dans les quatrième et cinquième courses, pour obtenir le deuxième chiffre ; et dans les cinquième et sixième courses pour obtenir le troisième et dernier chiffre. Pour compliqué qu'il soit, ce système est toujours employé à Harlem aujourd'hui.

Dans les débuts du numbers racket, et dans l'époque de la grande dépression, les enjeux misés par les Noirs étaient de la catégorie que les Américains appelaient *nickel and dime*, c'est-à-dire les pièces de 5 et 10 cents. Mais le fait qu'un certain Dutch Schultz, un roi du numbers racket new-yorkais, encaissait 80 000 dollars d'enjeux par jour, donne une idée de la multitude de joueurs qui tentaient leur chance sur le fameux nombre à trois chiffres. Tous savaient pertinemment que, comme dans tous les jeux d'argent légaux et illégaux, ils jouaient toujours avec un pourcentage de chances inférieur à celui de la banque. Mais il arrivait qu'un heureux gagnant touche 600 dollars pour un dollar de mise. Les 600 dollars – une somme énorme dans le Harlem de l'époque – étaient immédiatement et scrupuleusement payés ; l'heureux gagnant devenait ainsi le meilleur agent publicitaire des racketeers auxquels il donnait sa clientèle.

Complication et corruption

Si le principe du numbers racket est simple, son exploitation est toutefois une affaire plus compliquée qu'il ne paraît au premier abord. Les gros banquiers de la mafia ou des autres gangs new-yorkais ont sous leurs ordres un certain nombre de *controllers*, dont l'activité est vitale pour la banque. Ce sont pour la plupart des Juifs, et ils opèrent en pratique comme des directeurs de succursale et comme comptables. C'est une fonction dans laquelle les membres de la mafia eux-mêmes ne s'engagent que très rarement. Tenir des livres et faire des comptes a toujours été une tâche apparemment au-dessous de leur dignité. Chaque controller dirige sa propre équipe de *runners* (coureurs), les hommes qui, au dernier échelon de la hiérarchie, collectent les mises des joueurs et payent les éventuels gagnants. A Harlem, bon nombre de ces runners sont naturellement des Noirs.

Un controller touche 35 pour 100 de sa recette journalière s'il a à payer lui-même la police dans son secteur, et 30 pour 100 si la banque prend elle-même cette dépense à sa charge. Le controller, à son tour, paie à ses runners 20 ou 25 pour 100 de sa part de bénéfice. Il est aussi de coutume qu'un gagnant fasse participer à son gain le runner qui le paie. Si un joueur gagne par exemple 600 dollars pour un dollar de mise, le runner en prélève une certaine partie pour lui-même. La somme que le controller paie à ses hommes est affaire personnelle. Sa seule obligation est de remettre tous les jours sa recette globale à la banque. Depuis le jour où le policy game attira sérieusement l'attention du monde des gangsters, immédiatement après la prohibition, il s'est développé un racket dont le rapport annuel est estimé à quelque chose comme un demi-milliard de dollars, rien qu'à New York !

Le jeu est aussi l'une des grandes sources de corruption de la police, car il ne peut fonctionner qu'avec la complicité des policemen de quartier. Dans chaque *precinct* (circonscription policière), il peut y avoir une vingtaine de points de dépôt des paris sur les nombres : une boutique de tailleur, une épicerie, un kiosque à journaux... Maintenir un seul de ces points de jeu sans intervention policière peut nécessiter le versement de centaines de dollars de pots-de-vin au *patrolman* (policier en uniforme) de surveillance dans le secteur. Il arrive que quelques controllers soient arrêtés par des détectives en civil des escouades spéciales, avec leur recette et leur liste de paris dans leur poche. Ils sont dûment inculpés, jugés, et condamnés à une amende avec sursis, par des juges dont la banque a toujours un certain nombre dans sa poche. Mais ceci n'arrive de toute façon jamais aux hommes qui se trouvent au-dessus de l'échelon hiérarchique des controllers.

Un génie mathématique

Une raison du succès du policy game tient au fait que les chiffres du pari mutuel des champs de courses de New York ne peuvent pas être truqués, et que les joueurs peuvent toujours les vérifier eux-mêmes sur les hippodromes ou dans les journaux. Mais à New York, dans les débuts du racket, la saison des courses était beaucoup plus courte qu'elle ne l'est maintenant. Lorsqu'elle était terminée, la combinaison gagnante était déduite des chiffres du pari mutuel d'autres champs de courses où les gangsters avaient réussi à infiltrer des complices. Parmi ces hippodromes figuraient ceux de La Nouvelle-Orléans, Chicago et Cincinnati. Le célèbre Dutch Schultz, déjà cité, employait à son service un génie mathématique juif, Otto Berman, au surnom folklorique de Abbadabba, qui savait calculer combien d'argent il fallait ajouter dans les machines du pari mutuel pour faire sortir le chiffre adéquat (adéquat pour la banque de Dutch Schultz, naturellement). Berman savait aussi manipuler les chances au pari mutuel pour que sorte le nombre de la banque le moins chargé en paris.

Les nombres très chargés en paris étaient une grande source d'inquiétude pour les exploitants du numbers racket. Si, par exemple, un nombre sur lequel étaient misés cent dollars au total sortait gagnant, ceci signifiait soixante mille dollars à payer aux parieurs. Ce qui explique pourquoi seules des banques disposant de gros capitaux pouvaient survivre à des séries de pertes de cet ordre. Dans les débuts du racket, les gangsters de petite envergure se réassuraient auprès d'autres banques, replaçant une partie de leurs mises sur le nombre trop chargé. Mais peu à peu, la mafia finit par acquérir tout le numbers racket de New York, car elle seule disposait des énormes capitaux nécessaires pour supporter de lourdes pertes occasionnelles... et finir largement gagnante en fin de compte.

Tous les joueurs aux jeux d'argent sont superstitieux. Ceux du policy game ne font pas exception. Et les Noirs de Harlem le sont encore plus que tous les autres. Pour des raisons connues d'eux seuls, ils affectionnent spécialement de jouer sur le 000, nombre que la presque totalité des autres joueurs considèrent comme absolument impossible (bien qu'il ait exactement les mêmes chances mathématiques que tout autre nombre de trois chiffres). Ce qui ne les empêche pas de jouer entre autres le 222 ou le 777, pour des raisons tout aussi mystérieuses. Comme dans beaucoup d'autres jeux, les joueurs du policy game américain choisissent le chiffre de leur date de naissance, ou les trois derniers chiffres du numéro de téléphone de la police de leur quartier. D'autres puisent leur inspiration dans l'actualité. Si un hold-up de banque new-yorkais a rapporté 355 000 dollars aux *hold-up men*, le nombre 355 sera infailliblement le plus joué ce jour-là, à Harlem, peut-être par quelque obscure croyance à l'efficacité de la magie sympathique.

Les requins de l'usure

L'usure est un autre racket pratiqué par la mafia – plus pittoresque et moins connu en France. La mafia est le tout premier *loan shark* des USA, (usurier en américain), expression difficilement traduisible en français, mais dont la signification se déduit de *shark* (requin), et de *loan* (prêt). La formule usuraire la plus courante dans les quartiers pauvres et les ghettos noirs est celle du six pour cinq. Celui qui emprunte cinq dollars le lundi matin doit en rendre six le samedi à midi, soit 20 pour 100 d'intérêt par semaine. S'il se trouve des emprunteurs, de très nombreux emprunteurs, à ce taux d'intérêt littéralement meurtrier, c'est parce que le prêt est fait sans la moindre garantie à des gens qui ont déjà épuisé tous les autres moyens possibles d'emprunter de l'argent.

Pourtant, le pourcentage des pertes occasionnées par les mauvais payeurs reste minime et largement compensé par le gain fait sur l'ensemble des emprunteurs. Les encaisseurs de la mafia sont les plus efficaces du monde. A leur première démarche auprès d'un payeur récalcitrant, si celui-ci ne s'exécute pas, ils le laissent dans un état qui requiert généralement son transport à l'hôpital. A la deuxième, ils lui cassent un bras, ou une jambe, ou les deux. Ensuite, ils ne le lâchent que lorsqu'il a payé son dû ou lorsqu'ils l'ont tué. Mais il est rare d'avoir à en venir à cette extrémité. Même dans ce cas, la perte n'est pas totale : le meurtre est un exemple qui donne sérieusement à réfléchir aux récalcitrants insolvables.

La mafia et le marché noir

On ignore le plus souvent – parce que cette réalité peu spectaculaire est difficilement exploitable par le cinéma – que la Seconde Guerre mondiale fut une importante source de profits pour la mafia. De nombreuses déficiences se produisirent dans l'économie américaine, qui obligèrent le gouvernement à instituer le rationnement et le contrôle des prix avec son inévitable résultat : le marché noir.

Il ne promettait certes pas à la mafia le pactole qu'avait été la prohibition. Mais les mêmes éléments classiques se présentaient pour leur exploitation par les gangs : la vente illégale d'une marchandise, viande, sucre, huile alimentaire, essence, etc. à une clientèle avide, et en même temps complice, comme il en avait été de celle des bootleggers de l'époque du déplorable régime sec.

La branche la plus importante et la plus profitable de ce marché noir américain fut celle des coupons, ou bons de rationnement de l'essence. Ce trafic portait sur deux sortes de *stamps* (timbres, tampons). Les uns étaient les faux, qui se fabriquèrent bientôt sur une vaste échelle dans des ateliers d'imprimerie clandestins de New York, Chicago et autres grandes villes. Les autres étaient les vrais bons d'essence, simplement vendus à la mafia par des employés indélicats de l'Office of Price Administration (OPA) ou volés dans les bureaux de cet office de l'administration des prix. Le bénéfice réalisable sur le trafic des coupons d'essence au marché noir était minime... de l'ordre de trois à cinq cents par *gallon* (3,785 litres). Il fallait donc que le volume d'affaires soit considérable pour mériter que la mafia l'exploite. Il le devint rapidement.

Les registres de l'OPA de l'époque révèlent que le volume d'essence détourné pour usage illégal s'éleva à 2 500 000 gallons, pour chaque jour de la durée de la guerre. Il était pratiquement impossible aux inspecteurs de l'OPA de lutter contre l'alliance formée entre le racketeer, le pompiste indélicat, et l'automobiliste qui était leur complice. De tous les mafiosi engagés dans ce racket particulier, seuls les plus riches et les plus importants avaient les moyens financiers adéquats... jusqu'à 250 000 dollars et plus pour les plus gros paquets de bons d'essence volés ou détournés.

Ces bons étaient achetés par les grands capi de la mafia, qui les faisaient revendre par leurs hommes aux garagistes et aux tenanciers de postes d'essence.

The numbers racket

Les bons d'essence utilisés devaient normalement être retournés à l'Office of Price Administration, qui les faisait brûler. Mais la mafia en arriva aussi à avoir des complicités dans les centres d'incinération... d'où les coupons supposés brûlés étaient remis en circulation illégale !

UNE ALLIANCE IMPIE

Lorsque, le 10 juillet 1943, les Alliés débarquèrent en Sicile, ils s'attendaient à une farouche résistance et à une campagne coûteuse. Pourtant, sept jours plus tard, la 7e armée du général Patton faisait son entrée à Palerme, dans la pointe nord-ouest de l'île. Cette première campagne n'avait été qu'une promenade militaire et les pertes avaient été très peu nombreuses.

De son côté, la 8e armée britannique du général Montgomery qui remontait vers le nord-ouest dut se battre pendant cinq semaines avant d'atteindre une partie de ses objectifs non sans avoir subi de nombreuses pertes. Le secret de la conquête facile de Patton fut préservé pendant plus de vingt ans : il s'agissait d'une alliance bien particulière et moralement peu glorieuse, une *unholy alliance* – une alliance impie – comme disent les Américains.

L'étonnante victoire qui provoqua la chute de Mussolini deux jours plus tard et la capitulation de l'Italie au bout d'un mois fut acquise grâce à la coopération d'une organisation criminelle, fait qui n'était d'ailleurs pas sans précédent dans l'histoire américaine. Cette organisation, la mafia naturellement, avait deux qualités pour jouer ce rôle historique : elle avait tout d'abord atteint dans le crime une importance qui la rendait acceptable en tant qu'alliée d'une grande nation. Elle possédait ensuite l'avantage stratégique d'être née en Italie, et de s'être épanouie aux USA.

Une lettre du *padrigno*

Le 6 mai 1943, le sergent Harry Fayth, de la section Intelligence (espionnage) de la 7e armée américaine, reçut en Afrique du Nord une curieuse lettre de son parrain, Joseph Colucci, un commerçant italien de New York. Dans cette missive, Colucci disait à son filleul : « J'ai appris que tu serais prochainement en Sicile, et j'aimerais que tu ailles jusqu'à mon village natal, Villalba, pour y présenter mes respects à Don Calogero Vizzini. Il espère devenir maire du village, et la visite d'un Américain ajouterait à son prestige. Dis aussi à Don Calo que notre vieil ami Lucky aimerait retourner dans sa patrie et qu'il n'oubliera pas ce que Don Calo pourrait faire pour l'y aider. Peut-être Don Calo pourrait-il être aussi très utile aux armées américaines. Informe tes supérieurs de tout ce que je t'écris, car il ne faudrait pas qu'ils pensent que tu es en rapport avec l'ennemi. De mon côté, je n'oublierai pas non plus ce que tu pourras faire pour nous aider. J'ai acheté pour toi un business d'huiles comestibles, avec lequel tu pourras largement gagner ta vie après la guerre. »

Le jour même, Harry Fayth porta la lettre à son chef de la section de l'espionnage, le capitaine Jerry Mannix. Avec le manque de perspicacité traditionnel aux hommes de l'Intelligence américaine, Mannix ne comprit rien de la signification cachée du message. « *Well, Sergeant* », dit-il, « félicitations... vous deviendrez peut-être le roi de l'huile d'olive de New York City ! » Harry Fayth soupira : « *Captain*, dit-il, ceci est une proposition de la mafia. Mon parrain est l'un des hommes des contacts extérieurs de l'organisation. Lucky Luciano est en prison pour cinquante ans. Si nous le libérons, même en le déportant en Italie, Don Calogero Vizzini vous ouvrira l'île toute grande. Il est le grand chef de la mafia de toute la Sicile. »

En ce mois de mai de 1943, l'état-major de la 7e armée préparait l'invasion de la Sicile, le premier débarquement sur les terres de l'Axe. Une invasion qui serait une répétition pour le débarquement final qui devrait être tenté à travers le British Channel. D'énormes préparatifs étaient en cours... 160 000 hommes, 14 000 véhicules, 600 chars d'assaut et 18 000 canons étaient rassemblés. Mais le haut commandement n'était pas des plus optimistes. La Sicile était un pays de montagnes, de maquis et de cavernes. Les plages de débarquement étaient dominées par des hauteurs favorables aux défenseurs. Les soldats italiens se battaient bien sur leur propre sol. Le plus inquiétant était que les Allemands avaient envoyé en Sicile leur redoutable division Hermann Goering, en même temps que de nombreuses unités de diverses armes.

Ainsi, lorsque le capitaine Mannix présenta l'étrange proposition du sergent Fayth aux membres du grand quartier général de la 7e armée, il ne fut pas reçu avec les risées auxquelles il s'attendait. Car l'armée étaient disposée à saisir la moindre des possibilités susceptibles d'améliorer ses chances. Certes, il était difficile d'admettre qu'un détenu d'une prison américaine puisse, à cinq mille kilomètres de distance, tirer les ficelles dans une nation en guerre avec les puissants Etats-Unis d'Amérique. On convoqua donc le sergent Fayth, pour en apprendre plus long sur l'affaire. Le pauvre *non com* (sous-off, *non commissioned officer*), d'un naturel peu loquace, dut parler presque sans arrêt pendant près de quarante-huit heures.

Un ami des amis

A la fin du dernier jour, lorsque le sergent eut raconté aux officiers d'état-major tout ce qu'il savait sur la mafia, l'un d'eux lui demanda, avec une brusquerie toute militaire : « Sergent, faisiez-vous partie de la mafia, dans le civil ? » Le sergent Fayth répondit respectueusement : « Sir, j'étais appelé un ami des amis. » L'officier fut apparemment satisfait de la réponse, bien qu'il n'en ait pas connu le sens exact. Il crut que ceci signifiait simplement que Fayth avait des relations dans la société secrète. La mafia est souvent appelée les « Amis » ou l'Honorable Société, entre ses membres, mais un mafioso n'admet jamais en faire partie devant des étrangers : il se désigne simplement comme un ami des amis, ou un homme de respect. L'état-major de la 7e armée décida de donner suite à tout hasard à l'histoire du sergent Fayth.

Des télégrammes codés partirent pour le Pentagone ; des demandes d'information furent faites à la Central Intelligence Agency et au Federal Bureau of Investigation. Puis la Maison-Blanche prit elle-même l'affaire en main. Le prisonnier Salvatore Lucania, plus connu sous le nom de Lucky (le veinard) Luciano, fut transféré dans un pénitencier de l'est des USA, où il reçut aussitôt de distingués visiteurs, en la personne de plusieurs officiers de la Naval Intelligence. Ces rencontres durèrent plusieurs jours, mais le compte rendu des entretiens entre les hommes de Washington et l'homme de la mafia reste *classified* aujourd'hui encore, ce qui est d'ailleurs regrettable pour les amateurs d'histoires de cape et d'épée. Puis ces mêmes espions aquatiques s'envolèrent pour l'Afrique, où ils conférèrent encore longuement avec le sergent Fayth et les officiers supérieurs de la 7e armée. Ce qui suivit appartient à la grande histoire.

Le 2 juillet 1943, le sergent Harry Fayth fut parachuté au cœur de la Sicile. Il n'était pas armé, mais il portait sous sa blouse militaire une chemise jaune sur laquelle était cousue une grande lettre L noire [1]. Dans ses poches, il avait cinquante mille dollars en billets de cent. Il avait aussi une lettre signée du nom d'un haut personnage du gouvernement américain. Le nom du personnage et le contenu de la lettre sont, eux aussi, rigoureusement *classified.* Au petit matin, Harry Fayth rencontra deux cantonniers siciliens auxquels il montra sa chemise jaune avec le L noir. Sans dire un mot, les deux hommes le conduisirent dans une petite ferme isolée, dont les paysans lui dirent qu'il était en sûreté en attendant que Don Calogero Vizzini l'envoie chercher.

1. La signification de ce code n'a jamais été révélée.

Le melon de Mussolini

En attendant de rencontrer l'homme qui devait livrer la Sicile aux Alliés, Harry Fayth se remémorait quelques-unes des anecdotes que lui avait racontées son padrigno au sujet de ce redoutable personnage. Lors d'une visite du roi d'Italie en Sicile, plusieurs années avant la guerre, le monarque visita un jour une église dans la province de Don Calogero Vizzini. Quelqu'un demanda à Victor-Emmanuel III d'entrer dans une chapelle sous le prétexte de lui faire admirer une œuvre d'art. Soudain, une femme poussa un bébé dans les bras du roi, tandis qu'un prêtre l'arrosait d'eau bénite. Don Calo avait réussi à faire du roi d'Italie le parrain de son neveu ! Victor-Emmanuel dut, en conséquence, faire décerner au bébé l'ordre des Cavaliers d'Italie, normalement réservé aux rejetons de la noblesse !

Cinq ans plus tard, ce fut Benito Mussolini qui vint visiter la Sicile. La mafia aurait beaucoup aimé trucider le dictateur, qui avait, le premier, déclaré la guerre à l'organisation criminelle sicilienne. Mais Benito était trop bien gardé. Cependant, tandis qu'il prenait part à un grand banquet officiel donné en son honneur, la mafia lui subtilisa son chapeau melon. La disparition de ce fameux couvre-chef ridiculisa Mussolini et ne favorisa certainement pas l'avancement de ses gardes de service. Pendant des années, Don Calo montra fièrement le melon historique à ses amis et visiteurs.

S'il aimait beaucoup les bonnes plaisanteries, le maître de la mafia sicilienne devenait mortellement sérieux dès que les intérêts des hommes de respect étaient menacés. Peu avant la première guerre, les chefs de la police de New York City, dépassés par les exploits de la mafia new-yorkaise, décidèrent d'envoyer un investigateur spécial en Sicile, pour qu'il essaie d'y découvrir quels étaient les liens entre la mafia sicilienne et sa filiale new-yorkaise. Ils choisirent un certain Dominico Petrosino, un détective d'origine sicilienne et un de leurs inspecteurs les plus habiles. Le policier débarqua à Palerme, un matin. Dans l'après-midi, il prit contact avec un de ses indicateurs, qui lui donna un rendez-vous pour une heure tardive de la soirée.

Lorsque Dominico Petrosino sortit de son hôtel, cette nuit-là, toutes les lumières de Palerme s'éteignirent subitement. Un coup de feu retentit. Cinq minutes plus tard, les lumières se rallumèrent. L'inspecteur Petrosino gisait, mort, en plein milieu de la rue principale de Palerme. Don Calo avait naturellement un alibi irréfutable. Mais personne ne doutait qu'il avait été l'instigateur du crime... comme il l'était déjà de plus de cinq cents autres.

Le serment du silence

Lorsque Harry Fayth fut conduit chez Don Calogero Vizzini, à Villalba, il s'attendait à rencontrer un personnage plus impressionnant que ce paysan lourd et courtaud, vêtu d'une chemise sur laquelle passaient d'énormes bretelles soutenant un pantalon trop large. Fayth ouvrit sa blouse et lui fit voir sa chemise jaune avec sa lettre L noire. Don Calo émit une sorte de grognement et tendit à l'Américain sa main à baiser. Non sans quelque répugnance, Fayth baisa la main velue, ainsi qu'il avait appris à le faire dès son enfance dans les milieux de la mafia américaine. C'est aussi ce qu'il vit faire à tous les nombreux visiteurs de passage chez Don Calo, paysans, prêtres, officiers, soldats, pauvres, riches, défilé qui lui fit comprendre que la puissance de la mafia n'était pas une légende.

Le soir, Don Calo tendit à Fayth un paquet de papiers attachés avec une ficelle. « Voici ce que tu es venu chercher », lui dit-il. « Les plans de toutes les défenses allemandes des plages. Dis à tes généraux de ne rien craindre sur les plages. Les soldats italiens ne tirent pas aussi bien que les Siciliens. Et moi, Don Calo, je veillerai à ce qu'ils tirent encore plus mal que d'habitude. » Fayth demanda : « Comment vais-je retourner en Afrique ? » Don Calo sourit : « Tu es l'hôte de l'Honorable Société. Elle te déposera sur le pas de ta porte. » Deux jours plus tard, le sergent Harry Fayth entrait dans le quartier général de la 7e armée américaine.

Les cartes qu'il portait sous le bras se révélèrent par la suite être le tracé exact des défenses de la Sicile. Mais, ainsi qu'il en avait prêté le serment à la mafia, il refusa de révéler comment il avait été ramené à l'intérieur des lignes alliées et comment les cartes avaient été obtenues en Sicile. Le haut commandement allié décida d'utiliser ces informations comme base de sa stratégie offensive. Dans la nuit du 9 juillet 1943, la 82e division aéroportée s'envolait d'Afrique pour aller envahir la Sicile.

Cette division fut l'unité à laquelle la décision de s'allier avec la mafia rendit le plus grand service. Car elle subit beaucoup de pertes avant même d'avoir sauté, non pas du fait de l'ennemi, mais de celui des canons antiaériens de la flotte d'invasion ! La marine américaine prit ses propres avions pour des appareils allemands et en abattit une bonne partie. Lorsque la 82e division sauta finalement, elle était déjà décimée, incapable d'accomplir sa mission. Sans la mafia, elle aurait été une proie facile pour une contre-attaque allemande ou italienne. Tous les parachutistes égarés furent recueillis et mis en sûreté par les paysans siciliens. D'autres paysans guidèrent les unités de parachutistes, leur permettant d'atteindre les défenses ennemies sans être repérées à l'avance.

Le général Mafia

Le lendemain 10 juillet, la 7e armée américaine débarqua et ne rencontra qu'une résistance d'une faiblesse surprenante. La mafia avait infiltré dans l'armée italienne des informateurs qui avaient persuadé les Italiens que le dernier lieu où les Américains voudraient débarquer serait Gela. Jamais les Américains n'ont su comment la mafia avait appris qu'ils débarqueraient précisément à Gela, information qu'ils n'avaient naturellement pas révélée au sergent Fayth. Leur attitude changea cependant après la réussite du débarquement et la vérification de l'exactitude des renseignements que leur avait fournis l'Honorable Société. Tout l'état-major de la 7e armée, y compris George Smith Patton lui-même, un homme pourtant difficile à impressionner, appelait maintenant Don Calo le général Mafia.

En avançant vers l'intérieur, les Américains rencontrèrent des lignes de défense plus déterminées, notamment aux environs du Mont Cammarata, et ils décidèrent de faire encore une fois appel aux forces du général Mafia. Un tank Sherman arborant un fanion jaune avec un gros L noir entra à Villalba, s'arrêta devant la maison de Don Calo et le ramena au quartier général de la 7ᵉ armée. Deux nuits plus tard, le général italien Salemi s'aperçut que les trois quarts de ses soldats avaient déserté les forts du Mont Cammarata. Il donna l'ordre de la retraite, malgré la fureur et les insultes de ses collègues allemands. Mais la pire des humiliations qu'il eut à subir fut lorsque la mafia se saisit de lui et le jeta dans une prison locale, l'y laissant enfermé jusqu'à la fin de la campagne de Sicile.

Le reste de cette campagne fut une plaisanterie dans le secteur américain. Don Calogero Vizzini remonta jusqu'au centre de la Sicile, trônant sur un char Sherman, arborant une chemise jaune avec une lettre L noire, la résistance fondant comme par enchantement à son apparition. En une semaine, Patton atteignit la pointe nord de la Sicile, après ce que lui-même appela : « La campagne éclair la plus rapide et la moins coûteuse dans l'histoire de la guerre moderne. » Pendant ce temps, l'armée britannique bataillait toujours autour des pentes de l'Etna. Il lui fallut encore trois semaines pour atteindre la pointe nord de Messine. Les Américains avaient ainsi la preuve que la mafia leur avait vraiment ouvert les portes, comme elle l'avait promis.

Une vieille connaissance

Le 17 août, le gouvernement fasciste de Mussolini fut renversé et, le 3 septembre 1943, le roi d'Italie signa la reddition de son pays aux Alliés. Les recherches faites par la suite établirent que la rapidité surprenante de la conquête de la Sicile fut le facteur décisif de la capitulation de l'Italie. Il a été estimé que l'intervention du général Mafia avait sauvé la vie à cinquante mille soldats américains au moins. Le gouvernement des USA tint, lui aussi, sa promesse. Peu de temps après la fin de la guerre, il ouvrit les portes de la prison de Lucky Luciano et le déporta en Italie, où il finit ses jours en paix. Il mourut d'une façon apparemment naturelle, que certains jugèrent toutefois quelque peu mystérieuse. Don Calogero Vizzini fut élu maire de Villalba, mais son alliance avec les Etats-Unis lui valut, en fait, beaucoup plus d'influence politique que celle d'un simple maire de province. Nombreux sont ceux qui attribuent aujourd'hui à l'armée américaine plus d'emprise qu'elle n'en avait jamais eu sur la Sicile avant l'intervention de la mafia.

Lorsqu'ils atteignirent Naples, au début octobre 1943, les Américains y retrouvèrent un mafioso qui était pour eux une vieille connaissance. C'était le célèbre Vito Genovese, qui s'y était installé en 1939 parce que le climat de New York commençait à devenir malsain pour lui. En bon patriote américain, Vito se mit à la disposition de l'Army (armée de terre) des USA, qui l'engagea avec empressement en qualité d'*advisor*. Entre-temps, Genovese s'était fait de hautes relations dans les milieux fascistes, partageant même parfois les spaghetti de l'amitié avec des hommes tels que le comte Ciano, Hermann Goering et Benito Mussolini en personne.

Introduit ainsi dans tous les milieux, parlant l'américain aussi parfaitement que l'italien, Vito était aussi qualifié que possible pour aider les Américains dans les tractations plus ou moins inavouables qui se déroulèrent au cours de la conquête de l'Italie.

Genovese eut cependant le tort de retourner aux Etats-Unis en 1950, pour y devenir le grand chef de la mafia américaine. Il fut en effet jugé sous diverses inculpations que la justice américaine n'avait pas oubliées et condamné à une longue peine d'emprisonnement. Incarcéré au pénitencier de Leavenworth, il réussit cependant à se faire libérer assez rapidement, pour finir paisiblement ses jours en Amérique, toujours influent et honoré dans l'Honorable Société.

Une bonne âme

Don Calogero Vizzini mourut en 1947. Alors qu'il roulait en automobile dans la campagne sicilienne, il eut une congestion cérébrale. Les amis qui étaient avec lui le sortirent de la voiture et l'étendirent sur l'herbe dans un champ tout en fleurs, espérant que le grand air allait le revivifier. Peine perdue. Il se dressa sur ses coudes, regarda la belle nature autour de lui et dit d'une voix évanescente : « la vie est si belle... » Une minute plus tard, le général Mafia, ou *il Buonomino*, la Belle Ame comme on l'appelait, était mort.

Le sergent Harry Fayth revint chez lui, après sa démobilisation. Il alla se fixer dans une petite ville du Midwest et n'accepta pas le business d'importation d'huile que voulait lui donner son parrain, respectueux, lui aussi, de sa parole d'homme. Fayth préféra demander à Colucci d'accepter qu'il se retire de l'Honorable Société, en échange de l'abandon de cette récompense qui lui était due pour son intervention sicilienne. A ceux qui lui demandaient pourquoi il avait ainsi peut-être refusé la fortune, il répondait : « *No, thanks...* tout se passerait tranquillement pendant deux ou trois ans, peut-être cinq, à New York. Puis, un soir, j'aurais la visite de la mafia. Il me faudrait lui rendre un petit service. Comme par exemple cacher chez moi une valise pleine de stupéfiants, ou l'arme d'un crime, ou encore un homme ayant toutes les polices des Etats-Unis à ses trousses. » Il est contraire aux traditions de l'Honorable Société de laisser un de ses membres reprendre sa liberté. Harry Fayth pensait avoir gagné la sienne, mais il insista quand même pour que ne soit pas publié le nom de la petite ville du Midwest où il se retira.

La mafia et la *Navy*

L'association de Lucky Luciano avec l'armée américaine fut longtemps très discutée par les historiens officiels des USA. D'après certains journalistes et historiens non officiels, cet indispensable Lucky Luciano n'aurait pas été allié qu'avec l'*Army* des USA en Sicile, mais l'aurait également été avec la *Navy*, la Marine, et cela aux Etats-Unis mêmes.

Dès le début de la Seconde Guerre mondiale, les amiraux américains s'étaient inquiétés d'éventuelles possibilités d'espionnage et de sabotage commis par l'ennemi, sur l'immense *waterfront*, l'ensemble des quais de New York, le plus grand port du monde à l'époque. Ils n'ignoraient pas que les dizaines de milliers de dockers et autres employés étaient organisés et enrégimentés par la mafia, qui régnait en maître sur toute l'activité du port. Ce secteur était du ressort de Lucky Luciano, lequel se trouvait alors inopportunément incarcéré pour une peine de trente à cinquante ans au pénitencier de

Dannemora, une prison de sécurité maximale proche de la glaciale frontière canadienne et surnommée par les *convicts* (condamnés), Siberia. Les amiraux pensèrent, pour une fois avec justesse, que le meilleur intermédiaire pour faire maintenir les choses en ordre sur le waterfront n'était autre que le top man, Lucky Luciano en personne.

Les détails des tractations entre la Navy et la mafia n'ont naturellement jamais été publiés ni communiqués. Mais plusieurs choses curieuses se produisirent. L'une fut que Luciano fut transféré de Dannemora dans une prison plus confortable et plus accessible, près d'Albany, la capitale de l'Etat de New York. Par ailleurs, aucun espion ne fut découvert et aucun sabotage ne se produisit sur le waterfront de New York pendant toute la durée de la guerre. Enfin en 1945, Luciano, qui aurait normalement dû finir ses jours dans une prison américaine, fut libéré sur parole « en raison de sa contribution à l'effort de guerre ». Comme il n'avait jamais pris la peine d'acquérir la citoyenneté américaine, il fut déporté dans son Italie natale, sans doute au grand soulagement des amiraux de l'US Navy, d'où il continua à exercer à distance une grande autorité sur la mafia américaine.

La mort dans l'aéroport

Cette autorité prit définitivement fin le 26 janvier 1962. Ce jour-là, Lucky Luciano, toujours en exil en Italie, se rendit à l'aéroport de Naples pour y rencontrer un cinéaste américain avec lequel il était en pourparlers pour le tournage d'un film fondé sur sa vie. Ce projet était cher aux yeux de Lucky, mais il ne l'était naturellement pas à ceux des dirigeants de la mafia américaine, qui craignaient que Luciano ne leur fasse une publicité intempestive. Ceux-ci lui avaient même envoyé un émissaire pour tenter de le dissuader de ce cinéma inopportun. L'envoyé, un ex-lieutenant de Genovese, n'eut aucun succès : Luciano se refusa à renoncer à son film et eut même une altercation bruyante avec lui.

Luciano arriva à l'aéroport de Naples, accompagné d'un garde du corps et d'un policier italien. Il avait alors 65 ans, était atteint d'une grave affection cardiaque, alors que cette rencontre avec le cinéaste le rendait particulièrement nerveux. Quelqu'un le vit sortir une petite boîte de sa poche, en extraire deux ou trois pilules et les avaler rapidement. Un instant plus tard, il s'écroula sur le sol, eut quelques convulsions spasmodiques, puis resta immobile, allongé sur le dos. Il fut transporté à l'hôpital, où les médecins ne purent que constater le décès. Plus tard, son cadavre fut autopsié, et les médecins légistes conclurent au décès par suite d'une crise cardiaque.

Le fait qu'il ait décédé après absorption des pilules fit tout naturellement penser à un empoisonnement. Les mafiosi américains avaient sans aucun doute, à Naples même, des complices prêts à assurer la disparition de Luciano dont les projets cinématographiques pouvaient devenir gênants. Les médecins légistes pensèrent au poison eux aussi, mais n'en trouvèrent pas la moindre trace dans le corps de leur client. La boîte à pilules, dont il aurait été très intéressant d'analyser le contenu, avait malheureusement et mystérieusement disparu : elle ne fut jamais retrouvée. La dépouille mortelle de Lucky Luciano fut réexpédiée aux USA et inhumée dans un cimetière new-yorkais où le corps de don Vito Genovese devait venir la rejoindre, en 1969.

Les noms et surnoms de Lucky Luciano

Lucky Luciano est l'un des noms qui surgissent pour ainsi dire à chaque ligne de toute histoire ou de tout livre traitant de la mafia américaine. Luciano fut incontestablement le plus célèbre de tous les gangsters de la deuxième génération de la mafia américaine. Or, Lucky Luciano (1897-1962) s'appelait de son vrai nom sicilien Salvatore Lucania, qu'il transforma en Charley Luciano après avoir émigré aux Etats-Unis. Il acquit son célèbre surnom de Lucky (le Veinard), « de la façon la plus douloureuse » (*the hard way*) selon l'expression américaine. Ceci se passait en un temps où, encore jeune homme, il s'élevait peu à peu dans la hiérarchie du racketeering de New York City. Un soir, il fut enlevé par des gangsters rivaux, qui voulaient s'emparer d'une cache de stupéfiants qu'il avait mis en lieu sûr.

Luciano fut emmené jusque dans le *borough* (circonscription) new-yorkais de Staten Island. Ses ravisseurs le suspendirent par les pouces à un arbre et le torturèrent avec des lames de rasoir et des cigarettes allumées, pour lui faire révéler le lieu où il avait caché sa drogue. Ils le frappèrent brutalement, lui infligeant de nombreuses contusions et plusieurs fractures, sans réussir à lui arracher une parole. Lorsqu'ils le décrochèrent de son arbre, Luciano s'effondra sur le sol, sans connaissance. Ses tortionnaires s'enfuirent, croyant le laisser à l'article de la mort.

Une patrouille de police le retrouva par hasard, dans un fossé, lui sauvant vraisemblablement la vie. Luciano passa plusieurs semaines à l'hôpital et conserva des cicatrices et des douleurs récurrentes pendant tout le reste de ses jours. Lorsque deux hommes de son gang vinrent le visiter à l'hôpital et virent en quel piteux état il se trouvait, l'un d'eux s'exclama qu'il avait été vraiment *lucky* (chanceux) de s'en être tiré vivant. La légende de Lucky Luciano était née ; il conserva le surnom jusqu'à sa mort. Parvenu au summum de sa puissance mafiosique, Lucky Luciano prit un nom d'emprunt anglo-saxon, Mr. Charles Ross, qui seyait mal à son physique méditerranéen, mais que personne ne se serait risqué à discuter. Ledit Mr. Charles Ross résidait alors dans un appartement de luxe du célèbre hôtel new-yorkais, le Waldorf Astoria.

Lucky Luciano étant un mafioso de la deuxième génération, attachant moins d'importance aux rituels et aux traditions qu'il jugeait périmés. Il réussit à organiser sa famille new-yorkaise en abolissant l'hostilité ancestrale entre Napolitains et Siciliens. Lui-même était sicilien ; son deuxième homme, Vito Genovese, était né à Naples. En chef de gang moderne et réaliste, Lucky abandonna l'esprit de clan et de coterie de ses prédécesseurs et se joignit à des opérations combinées avec des gangsters non italiens que nous avons déjà vus, comme Dutch Schultz, Louis (Lepke) Buchalter, Meyer Lansky et Abner (Longy) Zwillman. Dans le même temps toutefois, Luciano maintenait soigneusement l'identité de la mafia, une double ligne de conduite difficile à suivre, mais qui fut la clé de son extraordinaire succès.

LE QUARANTE-NEUVIÈME ETAT-BÉTON ?

Le seul homme d'Etat italien à avoir remporté quelques succès dans la lutte contre la mafia sicilienne fut Mussolini. Quelques années après son accès au pouvoir en 1922, Benito avait lancé une véritable campagne militaire pour l'extirpation de la mafia en Sicile. Il envoya plusieurs régiments d'infanterie italienne balayer l'île d'un bout à l'autre, capturer au passage tous les mafiosi qui tombaient dans le filet, et exécuter sommairement les plus notoires d'entre eux sans jugement (ce qui devait advenir à Mussolini lui-même, en 1943). Cette grandiose action avait mis en fuite bon nombre de gangsters siciliens et envoyé une nouvelle vague de mafiosi déferler sur les Etats-Unis, dont les gouvernements successifs n'avaient jamais su se défaire.

Benito Mussolini avait fait preuve, si l'on considère les choses rétrospectivement, de quelque ingratitude en s'attaquant en force à la mafia. Vers la fin de la Seconde Guerre mondiale, on découvrit qu'au temps de son exil en Italie, le grand chef mafioso Vito Genovese avait contribué pour l'énorme somme de 250 000 dollars au fonds de la construction de l'édifice (que l'on n'appelait pas encore un building) du quartier général du parti fasciste italien. Ceci rentrait largement dans les moyens du célèbre Don de la mafia américaine. Lors du jugement en divorce que son épouse avait déclenché contre lui, on apprit que Genovese disposait d'énormes paquets d'argent liquide dans des banques de plusieurs nations d'Europe, dont notamment 500 000 dollars en Suisse, fortune dont personne n'a jamais su ce qu'elle devint par la suite.

Peu de temps après la guerre, un fameux chef de bandits siciliens, Salvatore Giuliano, écrivit au président des Etats-Unis, Harry S. Truman, pour lui faire part de son intention d'amener la Sicile à faire sécession d'avec l'Italie, et pour lui demander de faire, de son côté, le nécessaire afin que l'île devienne le 49e Etat d'Amérique (l'Alaska et Hawaï ne deviennent Etats américains qu'en 1959). Il ne résulta malheureusement rien de cette intéressante proposition !

Un *Robin Hood* sicilien ?

De toute façon, Salvatore Giuliano n'aurait pas survécu assez longtemps pour satisfaire son ambition probable de devenir le premier gouverneur de la Sicile en tant que 49e Etat américain. Il fut abattu peu de temps après son offre à Truman ; dans son repaire même, en 1954, par les carabiniers italiens. Giuliano était un affreux bandit et un sinistre assassin, responsable de douzaines de meurtres, viols, enlèvements, extorsions. Son exécution sommaire n'en fut pas moins âprement critiquée par les habituels défenseurs de la précieuse mémoire des assassins.

Giuliano fut considéré par certains journalistes, écrivains et cinéastes, comme le dernier des bandits romantiques du maquis sicilien... une sorte de *Robin Hood* italien, volant les riches pour donner aux pauvres. A son époque, la mafia volait déjà les riches et les pauvres, et ne donnait rien à personne, si ce ne sont des coups de fusil ou de couteau. Il est possible que, dans ses tout premiers débuts, elle ait réellement défendu les pauvres contre les riches, en Sicile, comme le rappellent sans cesse ses nombreux historiens. Pour ceux-ci, les mafiosi furent ce que l'on pourrait appeler les premiers résistants de l'Histoire. Ainsi, c'est de Sicile qu'est venue l'expression prendre le maquis, donnant bien sûr le terme maquisard.

Puissantes protections...

Pour en revenir à un meneur d'hommes plus efficace, le général mafioso Don Vito Genovese, il se trouvait en exil à Naples, en 1945. La ville était alors sous l'occupation américaine. Les activités de Genovese dans le marché noir attirèrent l'attention d'un inspecteur de la Criminal Investigation Division de l'armée de terre des USA. Celui-ci prit contact avec le Federal Bureau of Investigation de Washington, pour savoir s'il existait aux USA une inculpation contre Genovese. Il en existait une, pour meurtre. L'homme de la CID fit arrêter Genovese et se heurta immédiatement à une violente opposition de la part des autorités américaines en Italie. En réalité, bon nombre de politiciens italiens et d'officiers supérieurs américains avaient eux-mêmes trempé dans le marché noir napolitain, lequel avait pris une extension extraordinaire. Selon la rumeur locale, l'équipage d'un destroyer américain en était arrivé à vendre le navire au marché noir !

Après d'innombrables démêlés et négociations, Genovese fut quand même ramené aux USA, sur un navire de transport de troupe. Il était à ce moment visiblement tout heureux d'aller revoir son véritable pays, ce qui étonna l'homme de la CID qui l'accompagnait et croyait avoir réussi le plus bel exploit de sa carrière. Ce que cet ange gardien ignorait, c'est qu'entre-temps la mafia américaine avait de son côté fait le nécessaire pour que Genovese échappe une fois de plus à la justice. L'inculpation contre Don Vito concernait l'assassinat d'un certain Ferdinand Boccia, pittoresquement surnommé *the Shadow* (l'ombre), effacé en 1934 sur ordre de Vito Genovese. L'accusation avait deux témoins à charge à citer : le principal était Pete Latempa, dont le témoignage était corroboré par un autre dénonciateur du nom de Ernest the Hawk (le Faucon) Rupolo. Lorsqu'ils avaient appris l'arrestation de Genovese, les deux témoins avaient demandé à être mis en *protective custody* (garde sous protection), c'est-à-dire en prison.

Un soir de janvier 1945, dans la prison de Brooklyn où il se trouvait logé, Latempa avala les deux ou trois comprimés analgésiques qu'il avait l'habitude de prendre pour se soulager de ses maux d'estomac, puis il se mit au lit. Il ne devait plus jamais se réveiller. Le médecin légiste qui procéda à l'autopsie déclara que son client avait dans les viscères « assez de poison pour tuer huit chevaux ». Personne ne sut jamais comment le poison était arrivé dans le flacon de comprimés de Latempa. Sa mort mit effectivement fin à l'action judiciaire contre Genovese et le district attorney de Brooklyn abandonna l'accusation. Le témoignage de Rupolo seul n'était juridiquement pas suffisant pour la soutenir. Après la mort de Latempa, personne d'autre ne se serait risqué à venir témoigner. Genovese fut remis en liberté.

Vingt ans après...

Son témoignage devenu inutile, Rupolo demanda à être remis en liberté. Presque vingt ans après, en août 1964, alors que sa disparition avait été signalée depuis trois semaines environ, son cadavre mutilé remonta à la surface de Jamaica Bay, la baie de la Jamaïque, à New York. Gonflé par les gaz de la décomposition, le cadavre s'était libéré de quelques blocs de béton auxquels il avait été (mal) attaché.

La « méthode » du béton était fort répandue dans les actions de la mafia. Elle consistait à forcer l'intéressé, si l'on peut dire, à plonger ses jambes dans un baquet, ou moitié de tonneau, plein de béton liquide, à laisser au ciment le temps de se solidifier, et à immerger l'homme et son baquet dans le fleuve, le lac ou l'océan le plus proche. Pendant longtemps, des douzaines de gangsters, témoins gênants ou autres personnages à faire disparaître, restèrent ainsi, debout dans leur baquet, oscillant mollement au gré des courants, sur le fond de l'East River à New York, et sur celui du lac Michigan à Chicago...

Le fait que l'emploi du ciment et du béton ait été pendant si longtemps en si grande faveur chez les hommes de la mafia et autres gangsters italiens révélait peut-être un typique atavisme : les Italiens ont toujours été étroitement familiers avec le béton, le ciment et la maçonnerie depuis les temps lointains où ils étaient encore des Romains, et peut-être même des Etrusques. De nos jours, les maçons italiens sont toujours fort appréciés ainsi que l'on peut le constater sur bon nombre de nos chantiers de construction français !

Les hommes sans ombre

Mais le bel art de la maçonnerie a inspiré aux mafiosi une autre méthode pour faire disparaître un cadavre encombrant. Lorsqu'un ennemi – ou éventuellement un ancien ami – a été dûment occis avec un fusil de chasse à canon scié, le cadavre est incorporé à la maçonnerie d'un chantier de construction. Etant donné que la chaux est utilisée dans cette méthode, les Siciliens lui donnent la folklorique appellation de *lupara blanca*, le fusil blanc. Dans le poétique langage des mafiosi siciliens, les victimes ainsi accommodées sont devenues des hommes sans ombre.

Il est estimé qu'aux USA, de nombreux cadavres ont été incorporés au béton des grands chantiers de construction routière. Ainsi que l'exprima un jour, très poétiquement, un célèbre mafioso, à propos de la disparition d'un autre, non moins célèbre, mais opportunément effacé : « Joe a disparu de ce monde ... mais la vie continue à rouler sur lui, dans le béton de la grand-route. »

De nombreux Américains ont pensé que c'est de cette façon que disparut, en 1975, le célèbre leader syndicaliste Jimmy Hoffa, ce qui aurait été aussi approprié que possible pour le chef de l'Union des *Teamsters*, c'est-à-dire les Rouliers. Jimmy Hoffa avait été soupçonné d'être allié avec les leaders de la mafia. Il avait certainement eu des intérêts communs avec eux, dans le financement des casinos de Las Vegas. Hoffa avait été poursuivi en justice par le défunt Robert F. Kennedy au temps ou celui-ci était attorney general des USA (procureur général faisant fonction de ministre de la Justice). Kennedy menait alors ce qu'il appelait sa lutte contre le crime organisé, un argument électoral toujours efficace pour un politicien américain. Il s'était vanté à plusieurs reprises de finir par avoir la peau de Jimmy Hoffa. Il ne réussit qu'à l'envoyer en prison... d'où il fut amnistié par Richard Nixon. Mais quelqu'un d'autre a certainement eu la peau de Jimmy Hoffa. Son cadavre n'a jamais été et ne sera vraisemblablement jamais retrouvé.

La procédure standard

Au temps de la disparition de Jimmy Hoffa, la bonne vieille méthode mafiosique consistant à offrir à un cadavre gênant un *concrete overcoat*, un pardessus en béton appartenait déjà à l'histoire ancienne ; et elle avait été rejointe par des méthodes plus appropriées aux temps modernes : rien n'arrêtait le progrès, même chez les farouches traditionalistes ! L'un des plus spectaculaires de ces moyens avait été suggéré à propos de l'effacement définitif de Jimmy, dans son fief même de Detroit, la capitale mondiale de l'automobile. Un moyen qui correspondait parfaitement à sa personnalité de leader des syndicats de l'automobile et des transports (le mystère de la disparition de Jimmy Hoffa est traité en détail dans un autre chapitre).

Cette méthode mettait à profit une invention encore récente à l'époque. Les Américains sont, ainsi que chacun sait, les plus grands consommateurs d'automobiles du monde ; ce qui signifie que les USA sont aussi le pays où il se met le plus grand nombre de voitures au rebut chez les casseurs, ainsi que nous appelons ces spécialistes particuliers en France. L'invention avait l'énorme avantage de faire disparaître la voiture de la victime en même temps que la victime elle-même. Ladite voiture avait souvent des impacts de balles de mitraillette dans la carrosserie et naturellement ses plaques de police avec des numéros qu'il était aussi très opportun de voir disparaître.

Lorsque la victime à éliminer avait été dûment assassinée, le processus que les Américains appellent *the standard operating procedure* était le suivant : le cadavre était logé dans le coffre arrière de sa voiture. Celle-ci était conduite jusqu'à un *wrecking yard*, l'établissement d'un casseur avec lequel la mafia était en relations d'affaires. Le véhicule, avec son occupant toujours dans le coffre arrière, était mis sous une gigantesque presse hydraulique, laquelle réduisait en quatre-vingt-dix secondes une Cadillac ou une Lincoln en un bloc quadrangulaire mesurant 24 × 24 × 36 pouces (61 × 61 × 91 centimètres). Le bloc métallique était ensuite décapé, recouvert d'un enduit de protection, et expédié aux aciéries pour tomber directement dans les hauts fourneaux, d'où bon nombre de victimes s'envolèrent ainsi en fumée dans le cours des temps modernes.

Un rappel historique

Il est peut-être arrivé que, suivant certaines rumeurs, quelque traître particulièrement répulsif ait été ainsi mis sous presse, vivant, dans sa voiture. La rumeur a été largement exploitée au cinéma mais il n'est pas impossible que le fait se soit produit dans la réalité : difficile d'imaginer façon de mourir plus atroce. Le plus curieux de la chose est qu'elle rappelle irrésistiblement un célèbre épisode de l'Histoire des Etats-Unis : celui de l'affaire des sorcières de Salem.

Tout le monde sait que dix-neuf femmes convaincues d'être des sorcières furent pendues (et non brûlées vives, comme on l'a souvent relaté) dans le village de Salem, au Massachusetts, en 1692. Moins connu est le fait qu'un homme du nom de Giles Corey fut également condamné à mort sous l'inculpation de sorcellerie, et mis à mort sous une forme d'exécution importée d'Angleterre en même temps que le puritanisme qui avait été la cause du massacre. Giles Corey fut *pressed to death*, pressé à mort, étendu sur le sol, sous de larges planches sur lesquelles furent empilés des poids de plus en plus lourds. S'il avait pu le prévoir, il aurait pu envier le sort des gangsters sous la presse hydraulique, dont l'agonie ne dure pas plus de quatre-vingt-dix secondes. Les tortionnaires de l'infortuné – et innocent – Giles Corey mirent deux jours à le faire mourir.

LA FIN MYSTÉRIEUSE D'UN CANARI CHANTEUR

L'illustre Dutch Schultz, un Juif allemand dont le vrai nom était Arthur Flegenheimer (l'adjectif *Dutch*, à l'époque, ne désignait pas seulement les sujets hollandais, comme il en est aujourd'hui, mais tous les immigrés d'origine germanique) était devenu multimillionnaire dans le numbers racket de Harlem, et aussi dans le trafic illicite de la bière pendant la durée de la prohibition. Mais personne à New York ne pouvait devenir un vrai roi des rackets sans s'être fait des ennemis. Le 23 octobre 1935, Dutch dînait dans un restaurant de Newark, New Jersey, dans la banlieue immédiate de New York, à l'enseigne légèrement flatteuse de the Palace Chop House. Il avait à sa table ses deux gardes du corps favoris, Lulu Rosenkrantz et Abe (Abraham) Landau, ainsi que le génie mathématique déjà cité, Otto (Abbadabba) Berman. Les quatre convives furent surpris par deux assassins à la main sûre, lesquels ouvrirent le feu avec des pistolets de gros calibre.

Les trois amis de Dutch Schultz furent tués sur le coup et ce dernier mourut à l'hôpital, mortellement atteint d'une unique balle de 45 (11,5 mm). Quatre hommes étaient morts et les assassins restaient inconnus. Le massacre fut attribué à Murders, Incorporated, mais on ne sut jamais pour le compte de quels clients. Six ans plus tard, un certain Charley the Bug (le Cinglé) Workman fut inculpé et emprisonné pour le meurtre de Dutch Schultz, lorsque deux des membres de Murders, Incorporated se mirent à chanter ou comme on dit en français se mirent à table. Les deux canaris, ainsi que les Américains appellent ces oiseaux chanteurs, étaient Abe (Abraham) Reles, et Allie Tannenbaum. Charley the Bug disparut en prison et on n'entendit plus parler de lui. En 1944, un autre membre de Murders, Incorporated, Mendy (Emmanuel) Weiss, passa sur la chaise électrique en compagnie de Louis Lepke Buchalter, tous les deux condamnés pour un autre assassinat, mais Mendy Weiss était supposé avoir été le deuxième homme dans l'exécution de Dutch Schultz et de ses trois compagnons de table.

Le gangster Abe Reles fut un canari auquel le fait de chanter en dénonçant ses complices ne porta pas bonheur. Mais il eut quand même une fin aussi exceptionnelle qu'étrange : le 12 novembre 1941, il tomba d'une fenêtre du sixième étage de l'hôtel de la Demi-Lune, à Coney Island, la station des plaisirs populaires de Brooklyn, dans le sud de New York City. Abe Reles était en villégiature à Coney Island aux frais du gouvernement. Il s'y trouvait en protective custody (garde sous protection) sur ordre du District Attorney (procureur de district) William O'Dwyer, qui tenait essentiellement à le conserver en vie : un canari de cette espèce était en effet pour lui plus précieux que le plus rare des oiseaux des îles.

Un crime gratuit

Les dénonciations d'Abe Reles avaient déjà abouti à des condamnations concernant plusieurs crimes de gangsters restés jusqu'alors sans solution. Mais l'homme que visait particulièrement le procureur O'Dwyer n'était autre que l'illustre Alberto Anastasia, surnommé Lord High Executioner, l'exécuteur des hautes œuvres de Murders, Incorporated. O'Dwyer était persuadé que le témoignage de Reles lui aurait permis de faire condamner Anastasia... une pièce de choix au tableau de chasse de l'ambitieux politicien. Il n'en fut rien, malheureusement pour ses ambitions. Ce magistrat commenta tristement la fin de Reles en ces termes : « une parfaite inculpation d'assassinat contre Anastasia est tombée par la fenêtre avec Abe Reles ».

Dans son appartement du sixième étage du Half-Moon Hotel, Abraham Reles était gardé jour et nuit par six policemen. Personne à New York ne comprit comment il avait pu tomber d'une fenêtre sans qu'aucun de ses anges gardiens s'en aperçoive ou l'en empêche. L'affaire était un incroyable scandale, et les polémiques qui s'ensuivirent durèrent plusieurs années, sans produire le moindre éclaircissement. La plupart des Américains étaient d'avis qu'Abe Reles n'était pas tombé de la fenêtre, mais que quelqu'un l'avait poussé alors qu'il contemplait peut-être l'océan. Ce qu'en dirent les six gardes du corps de Reles ne fut jamais révélé, et l'affaire finit par être étouffée comme l'étaient la plupart des affaires de ce genre à l'époque.

Alberto Anastasia fut tout naturellement soupçonné d'avoir fait éliminer Abe Reles car c'était lui qui avait le plus d'intérêt à voir disparaître le canari. Ceci ne fut jamais prouvé et ne reste que supposition. Une chose est certaine : Alberto avait une sainte horreur des mouchards de toute espèce, ainsi qu'il le prouva en un cas extraordinaire qui ne fut révélé qu'après sa mort. Anastasia fit un jour tuer un homme qui lui était totalement inconnu et dont la mort ne lui rapportait rien. En 1952, un jeune résident de Brooklyn du nom d'Arnold Schuster rentrait chez lui calmement, à pied, lorsqu'il croisa soudainement un homme dont le visage lui disait quelque chose ; il se souvint d'avoir vu sa photo sur une affiche de recherche de la police. L'homme était Willie Sutton, un légendaire pilleur de banques, objet d'une chasse à l'homme sur tout le territoire de l'Union.

En citoyen conscient de ses devoirs civiques, Schuster alerta la police, et Sutton fut arrêté. Arnold Schuster connut un bref moment de célébrité nationale et fut abattu dans la rue, le 8 mars 1952. Le crime était particulièrement mystérieux, Willie Sutton étant connu comme un *loner*, un opérateur solitaire, sans aucune affiliation avec quelque gang organisé que ce soit. Anastasia s'était trouvé par hasard en train de regarder une émission d'actualités télévisées, au cours de laquelle figurait une interview d'Arnold Schuster. Anastasia éclata d'indignation. « Je ne peux pas supporter les mouchards ! » cria-t-il à un de ses gorilles. « Allez m'abattre ce type ! » L'homme qui tua Schuster était un certain Frederico Tenuto, recherché par le FBI pour s'être évadé de prison. Pour se couvrir lui-même, Anastasia fit tuer Tenuto, dont le cadavre ne fut jamais retrouvé. Un mystère béton sans aucun doute !

Un barman qualifié

Un quart de siècle après la fin de Dutch Schultz, un nouveau baron du numbers racket, cette fois un authentique mafioso du nom d'Abbatemarco, fut effacé de la même façon tragique, et plus spectaculairement encore. Abbatemarco avait été surnommé Frankie Shots Abbatemarco, pour quelque raison restée obscure (le mot *shot* a d'innombrables significations en américain : il peut entre autres désigner un coup de feu, ou de dés ou de cartes à jouer, les significations les plus probables en l'occurrence). Quoi qu'il en soit, Abbatemarco avait réussi, à force de travail, de patience et d'intimidation, à se créer à New York une *policy bank* qui réalisait un chiffre d'affaires d'un million de dollars par an, en chiffre rond. Frankie Shots s'était élevé à la force du poignet (un poignet armé, à l'occasion), du rang de collecteur de paris de quartier, jusqu'à celui d'exploitant de sa propre banque. Il restait toutefois tributaire de la famille new-yorkaise de la mafia dont le chef était un dangereux personnage du nom de Joe (Joseph) Profaci.

Au début de l'année 1959, Abbatemarco subit une série de lourdes pertes qui le mit dans l'impossibilité de payer à Profaci le pourcentage qu'il lui devait pour sa protection par la mafia, plus exactement pour la concession de l'exploitation d'un secteur de New York City. Abbatemarco demanda des délais à Profaci, qui refusa de lui en accorder. Le 4 novembre 1959, Frank Abbatemarco, toujours débiteur envers Profaci, sortit du Cardiello's Bar and Grill, dans la Quatrième Avenue, à Brooklyn, lorsqu'il fut attaqué par deux hommes au visage masqué par des foulards rouges, qui ouvrirent le feu et lui logèrent plusieurs balles dans la tête et le corps. Abbatemarco rentra, en titubant, dans le saloon, essaya de se cramponner au bar, mais s'écroula sur le sol. Les tueurs l'avaient suivi. L'un d'eux s'empara du pistolet de Frankie Shots caché dans son pardessus, et lui tira encore trois balles en pleine poitrine. Lorsque la police arriva, Abbatemarco était inconscient et à l'agonie. Le *bartender* (ainsi que les Américains nomment ce que nous appelons un barman), Tony Cardiello, était en train d'essuyer calmement le dessus de son comptoir.

Il n'avait rien vu, dit-il aux policemen. Lorsque les coups de feu avaient retenti, il était à sa caisse enregistreuse, le dos tourné au bar, et il s'était immédiatement accroupi derrière la protection du comptoir, exercice de pratique indispensable et familière à tout barman professionnel américain. Quand les enquêteurs interrogèrent Cardiello, il répondit que lorsqu'il s'était remis debout, il n'y avait plus que la victime dans le bar. Bien que par la suite les détectives eussent retrouvé quatre témoins de l'assassinat, Cardiello s'en tint à son mensonge devant le jury d'instruction et il fut condamné à deux ans et demi de prison pour faux témoignage. Savoir se taire et n'avoir rien vu étaient aussi deux des plus importantes qualités professionnelles du parfait barman américain. Personne ne fut jamais inculpé pour l'exécution de Frankie Shots Abbatemarco. Son territoire fut partagé entre d'autres mafiosi de la famille de Profaci, qui s'en attribua elle-même une portion profitable.

Une espèce prolifique

Le terrible Joseph Profaci devait mourir de ce qu'il est convenu d'appeler une mort naturelle. Il décéda d'un cancer le 7 juillet 1962 à l'hôpital du Bon Samaritain, dans la banlieue new-yorkaise de Long Island. Il laissait derrière lui une fortune estimée à deux cents millions de dollars, laquelle fut partagée entre ses six enfants (les mafiosi ont toujours été, entre autres choses, une espèce exceptionnellement prolifique). La succession de Profaci à la tête de sa famille mafiosique passa à son premier lieutenant, Joseph Magliocco, un homme qui, comme Frankie Shots Abbatemarco, était parti de rien lorsqu'il était arrivé à New York, venant de Palerme, en 1924. Un véritable self-made-man, pour reprendre l'expression coutumière.

Lorsqu'il succéda à Profaci, Magliocco était propriétaire d'une importante affaire d'importation de bière. Il résidait dans une propriété de quatre hectares, avec un parc boisé, une demeure luxueuse, des écuries pour les chevaux de selle, un port d'attache particulier pour le yacht de douze mètres avec lequel il affectionnait de naviguer dans Great South Bay, la Grande Baie du Sud, entre Fire Island et Long Island. Au moment où Magliocco prit en main le commandement de la famille de feu Joseph Profaci, il avait soixante-cinq ans et ce que nous appellerions un casier judiciaire vierge : quelques arrestations, mais aucune condamnation. Il n'était toutefois pas exactement vierge en ce qui concernait le Grand Conseil de la mafia new-yorkaise, car il avait pris la succession de Profaci sans avoir acquis l'approbation de tous les grands chefs de famille new-yorkais. Magliocco commença en fait à s'inquiéter pour sa santé déjà fragile. Son domaine de Long Island était clos de hauts murs, il fit patrouiller jour et nuit des gardes du corps accompagnés de bergers allemands.

Magliocco avait un allié important dans la commission de la mafia de New York : le célèbre Joseph Bonanno déjà souvent cité. Mais il avait aussi des adversaires non moins célèbres, quoi que certains d'entre eux se trouvaient en prison à ce moment-là : Genovese, Lucchese, Gambino, des grands noms historiques. Les deux compères et alliés, Magliocco et Bonanno, calculèrent que la meilleure solution au problème serait de faire purement et simplement effacer Lucchese et Gambino. Magliocco avait justement sous la main l'homme qu'il fallait pour ce travail, un obscur capo du nom de Joseph Colombo. Mais celui-ci était plus intelligent et plus ambitieux que ne le supposait Magliocco. Au lieu de mettre les contracts à exécution, il dévoila tout le complot à Gambino, l'homme dont l'importance était en hausse dans la mafia. Bonanno et Magliocco furent convoqués devant la commission. Bonanno était en voyage dans l'Ouest ; il eut le bon sens de ne pas comparaître. Magliocco eut le courage de le faire et la chance de s'en tirer en payant quarante mille dollars d'amende à la commission. Rencontrant un peu plus tard le fils de Bonanno, il lui dit s'estimer heureux d'être encore en vie !

UN MAFIOSO DANS UN TONNEAU

La pêche à la crevette est généralement une occupation paisible et de tout repos. Une exception devait se produire en août 1976 pour trois pêcheurs de crevette de Floride. Le 8 de ce mois-là, ils étaient en train de relever leurs filets dans la baie de Dumfoundling, près de la plage nord de Miami, lorsqu'ils aperçurent un tonneau métallique flottant mollement au gré des vagues. Il s'agissait d'un fût à essence de la contenance standard de 55 gallons américains (208 litres.) Le tonneau était percé de nombreux trous, et plusieurs fois encerclé d'une grosse chaîne métallique.

Depuis que les réfugiés cubains se sont établis en Floride, la chronique locale du crime s'est enrichie de nombreux règlements de comptes. C'est pourquoi les trois marins préférèrent regagner prudemment le port pour prévenir la police. Celle-ci alla donc se saisir du tonneau et le remorqua jusqu'à l'entrepôt des douanes. A l'intérieur du fût, les enquêteurs découvrirent, sans grande surprise, le cadavre d'un vieil homme qui ne put être identifié sur l'instant. Le défunt pouvait venir de très loin car, de toute évidence, son cercueil métallique avait été mis au point pour qu'il puisse attendre au plus profond de l'Atlantique une résurrection éventuelle promise par les Ecritures. Mais, même complètement refroidi, un cadavre ne reste pas totalement inerte. Les gaz créés par la décomposition des chairs avaient ramené le tonneau et son lest macabre à la surface des flots.

Funérailles maritimes

Quand la nouvelle fut connue dans les divers milieux du crime, de nombreuses voix s'élevèrent pour déplorer un travail aussi lamentablement bâclé. Et chacun convint de cette triste évidence : les bonnes vieilles traditions se perdaient. Jamais une telle imprudence n'aurait été commise à la grande époque du gangland. Dans les fameuses années 20, les gangsters professionnels étaient beaucoup plus précautionneux dans le domaine des funérailles maritimes. Leur premier soin était d'éventrer largement le cadavre de l'intéressé, en remontant jusqu'à la gorge, afin de permettre à tous les gaz de s'échapper. Ensuite, le tonneau n'était jamais immergé dans l'océan avant que n'ait été coulée, à l'intérieur, une solide quantité de béton. Dans le langage imagé de l'époque, ceci s'appelait offrir un pardessus en béton, à un ennemi dûment effacé, comme nous l'avons déjà vu.

Dans le cas qui nous préoccupe, les policiers de Miami s'employèrent à identifier l'encombrant occupant de leur morgue. Les empreintes digitales, envoyées au Federal Bureau of Investigation à Washington, permirent de découvrir qu'il s'agissait de John Roselli, un mafioso de 71 ans, bien connu du FBI. L'autopsie révéla que l'infortuné gangster avait péri asphyxié. Comme il était atteint d'emphysème au plus haut degré, son étrangleur n'avait pas eu d'importants efforts à fournir.

Ces constatations établies assez rapidement, l'enquête marqua ensuite le pas. Elle avait été pourtant confiée au redoutable FBI lui-même. Mais les milieux contrôlés par la mafia étaient, eux aussi, redoutablement étanches. Les enquêteurs ne purent jamais identifier les assassins de Roselli, mais ils arrivèrent à de solides conclusions sur les raisons de son élimination, et sur la Confrérie à laquelle appartenaient de toute évidence ses assassins.

Deux fautes majeures

John Roselli avait en effet commis durant les dernières années de sa vie deux erreurs majeures. Il s'était permis d'attirer l'attention de la presse sur les activités de la mafia. Puis, pour rendre les choses pires encore, il avait dénoncé un membre important et particulièrement apprécié de la mafia. En juin 1975, Johnny avait été cité à témoigner devant le Comité sénatorial spécial chargé d'enquêter sur les excès commis par la Central Intelligence Agency. Contre toute attente, et en infraction avec toutes les traditions de l'Honorata Societa, il s'était montré aussi bavard qu'inutilement précis.

Roselli raconta comment, en 1961, il avait été recruté par la CIA pour faire assassiner Fidel Castro. Le service spécial de l'Agence s'était assuré, outre ses services, ceux de Salvatore Giancana, grand chef des gangs de Chicago à l'époque, comme on l'a vu dans un chapitre précédent. C'était Roselli qui avait préparé des cigares et des pilules empoisonnés, ainsi que des capsules de cyanure de potassium, destinés à être administrés à Fidel d'une façon ou d'une autre. Tous ces préparatifs se traduisirent par un fiasco, pour des raisons qui n'ont jamais été expliquées... et qu'il valait probablement mieux ne pas expliquer. Les motivations avancées par Roselli étaient naturellement patriotiques. Il ne s'agissait rien de moins que de servir honorablement le drapeau étoilé, disait-il. Mais Johnny, pour sa part, avait perdu dans l'aventure le luxueux Casino Sans-Souci, à La Havane, où il avait investi une grande partie de son capital personnel. Il en gardait certainement quelque ressentiment contre l'équipe au pouvoir à Cuba et son intarissable porte-parole, Fidel Castro.

Le Troisième Homme

Cinq jours avant la déposition de Roselli devant le Comité sénatorial, Salvatore Giancana avait été assassiné dans sa demeure d'Oak Park, à Chicago. Il avait reçu six balles de 22 (5,6 mm) tirées à bout portant, en plein visage et dans le cou, par un ou plusieurs tueurs qui ne furent jamais identifiés. Feu Giancana avait 65 ans et, par une coïncidence qui n'en était pas forcément une, il devait prochainement témoigner, lui aussi, devant le même Comité sénatorial.

Le sénateur Frank Church, de l'Idaho, qui présidait le Comité, s'était déclaré très intrigué par le double meurtre. L'ex-directeur de la CIA William Colby avait reconnu avoir utilisé les deux mafiosi dans le complot contre Castro, mais il avait certifié que la CIA n'était pour rien dans leur élimination. Le sénateur Church n'en avait cependant pas moins émis des doutes : « Un seul meurtre aurait pu être sans rapport avec notre enquête », dit-il, « mais avec deux, je me pose des questions... »

Lors de son témoignage, Roselli ne s'était pas contenté de trahir bassement Giancana. Il avait aussi mis dans le bain de l'affaire de l'assassinat de Fidel un troisième homme du nom de Santo Traficante, à savoir le Parrain de la mafia de Floride. Traficante était âgé de 65 ans et détestait la publicité encore plus que la plupart de ses confrères mafiosi. Il s'était réfugié pendant dix-huit mois à Costa Rica pour échapper à une notoriété dont il n'avait que faire. Mais il était revenu aux USA peu de temps après que Roselli eut fait sa déposition devant le Comité sénatorial. Santo Traficante avait lui aussi de bonnes raisons de voir Roselli effacé : coïncidence ou pas, son cadavre fut retrouvé sur le territoire de Traficante.

Cherchez la femme

Trois mois après sa première comparution, Roselli avait été rappelé devant le Comité sénatorial. Une fois de plus, il se mit à table et rapporta, avec force détails, comment lui-même et Giancana avaient partagé les faveurs intimes d'une jolie party girl du nom de Judith Exner, qui les partageait dans le même temps avec le président John F. Kennedy. Cet hommage présidentiel avait été accordé à la belle Juive Judith par un bon ami de Giancana et Roselli, le chanteur Frank Sinatra, à Las Vegas, en 1960. Les connexions de Sinatra avec la mafia lui valurent, à cette même époque, d'être déclaré indésirable dans l'Etat du Nevada, comme on le verra plus loin.

Une enquête poussée permit de reconstituer la carrière mouvementée de Johnny. Né en Italie sous le nom de Filippo Sacco, il était entré illégalement aux USA alors qu'il était encore un enfant et y était demeuré tout aussi illégalement pendant la plus grande partie de son existence. Dans les années 1920-1930, il s'était enrôlé dans le célèbre Syndicate d'Al Capone, pour le compte duquel il avait conduit diverses sortes de racket. De Chicago, il avait été envoyé à Hollywood, pour y organiser les gangs à la manière d'Alfonso Capone, vers la fin des années 30. Un peu plus tard, il y fut condamné à trois ans de prison pour avoir, avec sept complices, tenté d'extorquer un million de dollars aux grands pontifes des studios de cinéma, sous la menace d'une grève générale des accessoiristes, dont le syndicat était contrôlé par la mafia.

Ceci n'empêcha pas le bel homme, élégant et sympathique, qu'était Roselli, de devenir une personnalité en vue dans la capitale mondiale du cinéma. Il épousa une starlette, acquit des intérêts dans deux grands night-clubs, finança le tournage de deux films vers la fin des années 40, *Canyon City* et *He Walked by Night*. A propos de cette dernière affaire, un cinéaste hollywoodien bien connu dit de Roselli : « Il avait une connaissance directe de la prison et de la police. » Au début des années 50, Roselli avait même été admis comme membre du Friars Club, une association fraternelle des artistes hollywoodiens, sous le parrainage du comédien George Jessel, le fondateur du club lui-même (*friar* signifie frère, au sens de membre d'une confrérie ou d'un ordre religieux). Jessel, Roselli et Sinatra restèrent, pendant longtemps, des inséparables.

Les très chers frères hollywoodiens furent mal récompensés de leur bienveillance envers Johnny Roselli. En 1968, lui-même et quatre complices furent condamnés pour avoir escroqué, à plusieurs membres du Friars Club, dont les comédiens Phil Silvers et Zeppo Marx, et le chanteur Tony Martin, une somme totale de plus de 400 000 dollars, en trichant aux cartes. Dans un grenier situé au-dessus d'une salle de jeu, Roselli avait posté des hommes qui observaient les cartes des joueurs à travers des petits trous percés dans le plafond de la salle. Ils envoyaient ensuite des signaux électroniques à un membre de l'équipe, assis à la table de jeu. Celui-ci captait les signaux grâce à un équipement monté dans un harnachement spécial dissimulé sous ses vêtements, et il jouait en connaissant les cartes de tous les autres joueurs. Cette astucieuse combinaison n'en valut pas moins de onze mois de prison à Roselli.

Pourquoi tuer un vieil homme ?

Johnny avait eu entre-temps, en 1970, la dangereuse audace de trahir la mafia. A cette époque, un grand jury fédéral enquêtait sur une accusation d'après laquelle la mafia avait illégalement dissimulé ses intérêts financiers dans l'exploitation du Frontier Hotel, un des plus importants hôtels-casinos de Las Vegas. Roselli se trouvait alors être le représentant de la mafia de Chicago à Las Vegas ; il révéla ce qu'il savait de l'affaire après avoir été assuré de l'immunité dans cette inculpation. L'un de ceux que Johnny avait mis dans le bain n'était rien de moins que Tony Accardo, à ce moment le grand chef de la mafia de Chicago. Et Tony Accardo était, de l'avis de tous les experts du milieu américain, l'un des plus dangereux citoyens aux affaires desquels puisse se mêler un citoyen trop bavard. De toute façon, Johnny aurait dû ne pas oublier que si le gouvernement fédéral octroie aisément l'immunité aux mouchards, il n'est pas d'exemple que la mafia l'ait, elle, jamais accordée à l'un d'entre eux.

Après sa sortie de prison, en 1971, Johnny Roselli continua à superviser les intérêts de la mafia de Chicago à Las Vegas, tout en vivant paisiblement avec sa sœur, Mrs. Joseph Diagle, à Plantation au nord de Miami Beach. Il était, de l'avis unanime de ses voisins, un charmant gentleman aux cheveux argentés, qui aimait promener calmement son caniche et causer familièrement avec tous. Bien qu'aussi atteint d'arthritisme de la colonne vertébrale, il jouait régulièrement au golf. Après qu'un mafioso local eut été tué sur les links mêmes, Roselli avait pris la précaution de ne jamais jouer deux fois de suite sur le même terrain de golf. Mais il n'avait pas suivi le conseil d'engager un garde du corps que lui avait donné son avocat. « Pourquoi voudrait-on tuer un vieil homme comme moi ? » disait Johnny, avec un étonnement visiblement sincère.

En dehors de sa fâcheuse tendance à révéler les secrets de la mafia, Roselli aurait pu être tué, suggérèrent les G-men (Government Men) du FBI, parce que certains membres de son ancien gang de Chicago, y compris Tony Accardo, estimaient qu'il prélevait beaucoup plus que sa part normale sur le rapport du business de Las Vegas. Plusieurs des sénateurs auxquels il avait eu affaire lors de ses comparutions devant eux sur la célèbre colline du

Capitole trouvèrent la suggestion trop facile. Ils demandèrent au ministère de la Justice des USA de tout faire pour essayer de découvrir pourquoi au juste Roselli avait été tué. A la suite de leur requête, Edward H. Levi, l'attorney général ordonna au FBI d'essayer de déterminer si le témoignage de Roselli au sujet du complot de la CIA pour tuer Castro était susceptible d'avoir abouti dans le tonneau repêché sur les flots bleus de Dumfoundling Bay. Ceci se passait il y a plus de dix ans et le mystère de la fin de Johnny Roselli n'est aujourd'hui toujours pas éclairci.

LA MAFIA À CHICAGO

La grande métropole du Midwest qu'est Chicago est, avec La Nouvelle-Orléans, la seule des grandes cités des USA où la mafia subit un sanglant échec, un deuxième Waterloo, historique. C'est à Chicago que la mafia eut le plus grand mal à s'approprier et à conserver sa part des rackets de l'immense ville. Le plus important de ces rackets devint celui de l'alcool illégal, stupidement provoqué par les promoteurs de la prohibition. Dans les années 1925 à 1931, les six grands capos de la mafia chicagoane périrent de mort violente : Angelo Genna et Sam Samoots Amatuna, en 1925 ; Antonio Lombardo, en 1928 ; Pasquale Lolordo, en 1929 ; Giuseppe Aiello, en 1930 ; Agostino Loverdo, en 1931. Leurs assassins restèrent et resteront à jamais inconnus. Mais ils n'appartenaient pas tous à des gangs adverses ; certains d'entre eux furent victimes d'une lutte pour le pouvoir, éliminés par des mafiosi simplement désireux de prendre leur place.

La mafia était arrivée à Chicago en même temps que la masse des immigrants italiens qui venaient chercher une vie nouvelle, et si possible prospère, dans les grandes villes de l'Est et du Midwest (le Centre-Ouest). Elle y avait précédé les grands chefs de gangs qui devaient s'y illustrer spectaculairement par la suite, Johnny Torrio, Al Capone, Dion O'Bannion, généralement venus de New York. La mafia fut la première organisation à exploiter à Chicago les deux rackets les plus payants de l'ère d'avant la prohibition, les jeux d'argent et la prostitution. Chicago était alors la deuxième cité des Etats-Unis.

Ainsi qu'il en était partout où la mafia étendait son emprise sur une ville américaine, ses hommes prélevaient, sous le classique prétexte de la protection, une part des bénéfices des maisons de jeux et de prostitution, dont les tenanciers pouvaient difficilement aller se plaindre à la police, du fait que le business qu'ils exploitaient était lui-même totalement illégal. C'est cependant à un de ces tenanciers de casinos de l'époque héroïque que la mafia dut son échec le plus sensationnel. Cet homme était un Italo-Américain du nom de Colosimo, surnommé Big Jim. Le premier homme de ce que devint par la suite le Syndicate, sous l'impulsion de deux de ses successeurs, des compatriotes italo-américains, Johnny Torrio et Alfonso Capone. Comme la plupart de ses collègues, Big Jim Colosimo avait d'abord versé de temps à autre une contribution à ses protecteurs de la mafia. Mais ceux-ci devinrent trop exigeants... et trop sûrs d'eux-mêmes.

Sous le viaduc...

Un jour, trois gentlemen au teint et aux yeux noirs se présentèrent à Colosimo en qualité de représentants de l'Honorata Societa. Leur chef, un Sicilien du nom de Vicenzo Cosmano, présenta courtoisement ses vœux de bonne santé et de longue vie à Big Jim, en ajoutant qu'ils auraient beaucoup plus de chances de se réaliser si Big Jim versait à l'Unione Siciliana une nouvelle contribution volontaire de vingt-cinq mille dollars (une somme énorme, à l'époque). Colosimo prit la chose avec sang-froid, dit à Vicenzo qu'il lui fallait du temps pour réunir la somme, mais qu'il lui porterait le paquet l'après-midi même, sur l'Archer Avenue, juste sous le viaduc du chemin de fer de Rock Island.

Cet après-midi-là, à quatre heures et demie, Cosmano et ses deux bandits descendirent de leur voiture à quelque distance du viaduc et s'en approchèrent précautionneusement. La vue de Colosimo, avec un gros paquet à la main, les rassura ; ils marchèrent jusqu'à lui. A ce moment, quatre hommes émergèrent de l'ombre de la pile du viaduc, armés de fusils de chasse à canon scié. Les trois mafiosi s'écroulèrent, criblés de chevrotines, dans un grondement de tonnerre, avant d'avoir pu porter la main à leurs armes. Lorsqu'ils furent retrouvés, dans une vaste mare de sang, les deux hommes de Cosmano étaient morts. Cosmano survécut, estropié pour la vie, et également atteint d'une maladie que l'on devait appeler par la suite l'amnésie de Chicago.

Cette affection locale atteignit de nombreux Chicagoans dans la période que l'on appela la guerre des gangs (1920-1930), notamment ceux qui survivaient à l'autre maladie locale appelée l'empoisonnement par le plomb. Ceux-ci ignoraient immanquablement le nom de celui ou ceux qui leur avaient injecté le plomb des balles de mitraillettes ou de fusils de chasse. Même s'ils savaient ne devoir survivre que quelques heures ou quelques minutes, ils restaient noblement muets à toutes les questions des enquêteurs. L'amnésie de Chicago rendait aussi immanquablement muets les témoins des explications ou exécutions que des circonstances inopportunes obligeaient les gunmen à effectuer en public.

Chapelet et pistolets...

L'un des adversaires les plus notoires auxquels la mafia eut à se heurter à Chicago était le gangster et bootlegger irlandais Dion O'Bannion, cité au chapitre de la mafia irlandaise. O'Bannion était le chef du North Side Gang, le gang du Secteur Nord, un des quartiers résidentiels de Chicago. Son quartier général était situé dans un magasin de fleurs qui lui servait de couverture légitime. La boutique se trouvait au 738 North State Street, une des plus grandes avenues de Chicago, juste en face de la cathédrale du Saint-Nom, dont O'Bannion avait été l'un des enfants de chœur dans son enfance. Comme la plupart des Américains d'origine irlandaise, O'Bannion était un pieux catholique romain qui ne manquait jamais une messe du dimanche et avait toujours un chapelet dans une de ses poches.

Dans trois autres poches, spécialement aménagées dans ses élégants costumes sur mesure, il portait aussi en permanence trois pistolets automatiques. O'Bannion fut crédité, si l'on peut dire, du meurtre d'au moins vingt-cinq personnes, mais il ne fut jamais inculpé ni condamné, ce qui le classe dans la très haute et rare élite d'une demi-douzaine de gang overlords de Chicago. Il n'en avait pas moins à lutter contre deux clans de Siciliens, les Genna et les Aiello, des bootleggers concurrents qui empiétaient sur son territoire en approvisionnant en alcool illicite de nombreuses familles italo-américaines résidant à l'intérieur du secteur Nord, des familles riches, en général.

Les Genna et les Aiello appartenaient à l'Unione Siciliana. Ils avaient organisé la distillation illicite dans les diverses Petites Siciles et Petites Italies de Chicago, des quartiers beaucoup moins prospères. Des centaines et des centaines d'alambics clandestins chauffaient jour et nuit dans les caves de leurs compatriotes d'origine. Les camions des six frères Genna faisaient une tournée de ramassage tous les soirs et emportaient l'alcool brut dans un entrepôt, où il était traité avec des produits colorants et aromatiques qui le transformaient en whisky ou en gin, et d'où il était ensuite distribué à la clientèle des *speakeasies*. Les choses commencèrent à se gâter lorsque les hommes d'O'Bannion s'emparèrent, à main armée, de plusieurs camions de livraison d'alcool des Genna.

Une âme de fleuriste

Le 8 novembre 1924, l'Unione Siciliana eut la douleur de perdre son capo de Chicago, Don Michaele Merlo, tué par un ennemi dont ne pouvaient le protéger ni les gorilles ni les mitraillettes : le cancer. Comme de coutume dans le gangland, les fleurs et les couronnes furent commandées à Dion O'Bannion. La mafia fit les choses de façon grandiose. Elle fit fabriquer un mannequin de cire représenant le défunt Michaele grandeur nature, afin qu'il puisse en quelque sorte suivre son propre enterrement, installé sur des coussins de fleurs à l'arrière d'une puissante torpédo. Johnny Torrio et Al Capone firent eux aussi grandement les choses... dix mille dollars de roses rouges de la part d'Al Capone ; dix mille dollars de chrysanthèmes de la part de Torrio.

Le 9 novembre, un des frères Genna téléphona à O'Bannion pour lui commander une composition florale à l'intention de feu Michaele Merlo, en précisant qu'elle devrait être prête pour le lendemain. O'Bannion, qui aimait réellement son métier de couverture, avait apparemment une âme de fleuriste. Il travailla sur la commande des Genna tard dans la soirée. Le lendemain, 10 novembre, il se trouvait dans son magasin avec son employé noir, William Crutchfield, lorsque trois hommes entrèrent dans la boutique. O'Bannion serra la main que lui tendit un des hommes ; l'homme ne lâcha pas la main d'O'Bannion. Six coups de feu retentirent. Deux balles atteignirent l'Irlandais à la poitrine, deux autres à la gorge, deux autres en plein visage, avec un résultat fatal qui n'avait rien d'étonnant. O'Bannion avait sur lui ses trois pistolets, mais n'avait même pas eu le temps d'en dégainer un avec sa main restée libre.

Il est probable qu'il connaissait les trois hommes et qu'il ne s'attendait pas à ce qu'ils l'attaquent. Tout un défilé de gangsters éplorés avait passé dans son magasin afin d'y prendre des fleurs pour

Michaele Merlo. Les trois hommes sortirent calmement du magasin et disparurent. Crutchfield téléphona à la police, mais lorsqu'elle arriva, il ne put lui donner la moindre indication sur les meurtriers qu'il connaissait probablement, lui aussi. En fait, il ne put même pas en donner le signalement. Il n'avait rien vu ni rien entendu, affairé qu'il était dans l'arrière-boutique. Les assassins de Dion O'Bannion restèrent inconnus, quoique peut-être pas impunis.

Antipasti et salami...

L'exécution de Dion O'Bannion fut mise au compte des deux autres grandes puissances qui se disputaient le monopole du bootlegging à Chicago : d'une part, la mafia ; d'autre part, le Syndicate d'Al Capone. Ces deux gangs ont souvent été confondus, et le nom d'Al Capone a souvent été associé à la mafia, à tort. Sa situation a été exactement décrite par un des successeurs de Dion O'Bannion à la tête du North Side Gang, un dangereux gangster juif du nom de Frank Gusenberg. Lors d'une discussion avec un autre célèbre bandit du nom de George Bugs Moran (Moran le Cinglé), Gusenberg aurait rappelé à Moran : « La protection d'Al Capone vient de la mafia. Il ne peut rien faire sans l'accord du capo. Et il ne peut pas être le capo lui-même, parce qu'il n'est pas sicilien ». Al Capone était napolitain, mais il respectait les anciens mafiosi siciliens qui étaient arrivés à Chicago longtemps avant lui. A ce moment de l'histoire, Capone était ami et allié avec le grand chef de la mafia, Pasqualino Lolordo, qui était, lui, en conflit avec les Aiello, lesquels complotaient pour lui enlever la présidence de l'Honorata Societa à Chicago.

Le 8 janvier 1929, trois hommes vinrent rendre visite à Lolordo à son domicile personnel. Ces trois visiteurs étaient manifestement de ses amis, car Lolordo leur fit servir par sa servante noire un petit snack d'antipasti, salami et autres spécialités italiennes, accompagné d'un Chianti de l'abondante cave de Don Pasquale. La servante se retira et les quatre hommes continuèrent une conversation animée, apparemment joyeuse et amicale. Dans la cuisine l'épouse de Lolordo venait de rentrer de faire des commissions, sortant de grands sacs en papier brun les abondantes victuailles qu'elle avait achetées : la bonne cuisine et l'hospitalité de Don Pasquale étaient légendaires.

La loi du silence

Soudain, des coups de feu retentirent. Mama Lolordo se précipita dans la salle à manger, tandis que la servante restait pétrifiée au coin du fourneau. Une violente odeur de cordite assaillait les narines de Mama Lolordo. Les trois visiteurs se tenaient debout, des pistolets fumants à la main. Devant la cheminée, Pasqualino gisait sur le sol, avec de grandes taches de sang en train de s'élargir sur le plastron de sa chemise blanche. Des dix-huit balles tirées par les meurtriers, sept avaient manqué Lolordo. Mais les onze balles qui l'avaient atteint avaient été plus que suffisantes pour l'envoyer au paradis des mafiosi, où qu'il se trouve.

Tandis que Mama Lolordo s'arrachait les cheveux et poussait les imprécations siciliennes qui s'imposaient, l'un des trois tueurs prit un coussin sur le divan, se pencha sur l'agonisant, lui souleva précautionneusement la tête et glissa le coussin dessous. Lorsque, plus tard, Mama Lolordo fut questionnée par la police, elle resta fidèle à l'Omerta, la vieille loi du silence de la mafia. Elle ne connaissait aucun des hommes, ne les avait jamais vus auparavant, ne savait pas du tout qui ils pouvaient bien être. Al Capone, lui, le savait. Le chef de l'équipe et ami de Lolordo, était son frère-en-mafia, Joe Aiello. Les deux autres étaient Frank Gusenberg, cité ci-dessus, et son frère, Pete, deux Juifs d'origine allemande... des *Krauts*, ainsi que les appelaient les Italiens, auxquels ils rendaient la politesse en les appelant des *Wops*.

Joe, maintenant Don Giuseppe Aiello, réalisa l'ambition de sa vie en succédant à feu Pasqualino à la présidence de la mafia de Chicago... un fauteuil présidentiel des plus dangereux. Il ne devait pas y trôner longtemps. Le 23 octobre 1930, Don Giuseppe était en visite chez un autre important mafioso du nom de Pasquale Prestigiocomi, dit Presto. Lorsque Aiello sortit de chez Presto, au numéro 205 de Kolmar Avenue, à Chicago, une rafale de balles le frappa, provenant d'un nid de mitrailleuse installé de l'autre côté de la rue, au numéro 202. Aiello, grièvement atteint, essaya de s'échapper vers l'arrière de la maison de Presto, mais il fut achevé par le feu d'un deuxième nid de mitrailleuse, tirant d'une fenêtre de la maison du numéro 4518 de West End Avenue. A la morgue, les médecins légistes comptèrent soixante balles de gros calibre dans ce qu'il restait du corps du défunt président de la mafia. Les assassins de Joe Aiello restèrent inconnus, comme de coutume.

La Saint-Valentin

Un chapitre sur Chicago et la mafia serait certainement incomplet s'il ne citait pas l'extraordinaire affaire connue sous le nom du massacre de la Saint-Valentin, bien que le rôle joué par la mafia en l'occurrence n'ait jamais été exactement défini. Pas plus que le rôle de qui que ce soit, en réalité, étant donné que le septuple assassinat n'a été l'objet d'aucune condamnation, ni même d'aucune inculpation. Si la mafia a joué un rôle, ce fut en fournissant à l'instigateur ou aux instigateurs du massacre deux de ses exécuteurs habituels, Alberto Anselmi et John Scalise, deux des meilleurs spécialistes de l'époque. Le massacre a été mis au compte du regretté Al Capone. Le sympathique Alfonso, en fait, se plaignit souvent de ce que des quantités d'autres tragédies furent portées injustement à son crédit, entre autres, disait-il, l'incendie de Chicago et l'assassinat de la Mer Morte.

Quoi qu'il en soit, le fameux massacre de la Saint-Valentin, le 14 février 1929, reste un événement historique aussi inévitable que la bataille de Waterloo ou celle de la Marne. Dans le milieu de la matinée du 14 février 1929, la température était descendue à moins 8 degrés à Chicago. Trois hommes, Bugs Moran, et ses deux gardes du corps, Willie Marks et Ted Newsberry, marchaient dans North Clark Street, en direction d'un garage à l'enseigne de la SMC Cartage Company, dont le transport (*cartage*) n'était pas la seule source de revenus. Moran et ses hommes s'y rendaient parce qu'une bonne affaire les attendait dans ce garage, au numéro 2122 de la rue.

La nuit précédente, Moran avait reçu un coup de téléphone l'informant qu'un chargement de whisky canadien de contrebande lui serait livré au garage à dix heures trente. Bugs Moran avait parlé au téléphone avec Frank Gusenberg et il savait que tout l'état-major du gang était déjà au garage. Lorsque Moran et ses deux compagnons arrivèrent à une petite distance du garage, ils furent surpris de voir une voiture de police se ranger devant l'entrée. Décontenancés, les trois hommes décidèrent d'aller prendre un verre en attendant que les choses se tassent. Ils entrèrent dans la Parkway Coffee Shop et prirent place dans un box. Il était un peu moins d'onze heures.

Dans le garage de la SMC Cartage Company se trouvaient sept hommes : Adam Heyer, le propriétaire de l'affaire et des camions qui servaient au transport de l'alcool clandestin ; Frank Gusenberg, un bandit et repris de justice juif ; Pete Gusenberg, son frère, voleur à main armée de moindre envergure ; Jack May, un perceur de coffres-forts ; Al Weinshank, tenancier d'un speakeasy ; Jim Clark, beau-frère de Moran et pilleur de banques : une demi-douzaine de gangsters reconvertis au bootlegging sous le haut commandement de Bugs Moran.

Le septième homme

Le septième homme mérite une mention spéciale. Il était aussi honnête qu'innocent. Il s'agissait d'un certain Docteur Reinhardt A. Schwimmer, un ophtalmologiste atteint d'un snobisme en vogue dans les milieux chics de Chicago du moment, celui de s'encanailler en fréquentant des durs, dans l'espoir d'acquérir à leur contact un peu du prestige spécial qu'ont toujours les mauvais garçons auprès des femmes. De ce point de vue, le Docteur Schwimmer était en compagnie adéquate, car jamais durs ne furent plus durs que ne l'étaient les gangsters de Chicago dans les années 1920-1930.

Les sept hommes étaient en train de prendre un café, lorsque retentit dans la rue le gong d'une voiture de police (les sirènes ne devaient venir que beaucoup plus tard). Deux hommes en uniforme de policemen entrèrent dans le garage. Les six gangsters et le Docteur Schwimmer ne furent pas très surpris de la visite. La police faisait de temps à autre des fausses descentes chez les bootleggers, pour avoir l'air de faire quelque chose et calmer pour un temps les vociférations des prohibitionnistes et des mégères des ligues de tempérance.

Lorsque les policiers leur demandèrent leurs armes, les six gangsters les leur remirent calmement, puis se laissèrent docilement aligner, debout, face au mur, les mains en l'air, au fond du garage. Deux hommes en civil sortirent alors de la voiture de police et entrèrent à leur tour dans le garage, chacun tenant une mitraillette Thompson à la main. Les deux hommes en uniforme déboutonnèrent leurs tuniques et sortirent deux fusils de chasse à canon scié. Tous les quatre se plantèrent solidement à quelques pas derrière les sept hommes alignés face au mur.

Sur un signal convenu d'avance, sans dire un mot, les deux mitrailleurs ouvrirent le feu ; l'un balayant le champ de tir de droite à gauche, l'autre le balayant en sens inverse. L'un tirait haut ; l'autre tirait bas. Cent balles de gros calibre fauchèrent les sept hommes en quelques secondes. Puis les deux hommes en civil s'approchèrent des corps gisant sur le sol et déchargèrent leurs fusils de chasse. L'exécution avait duré huit minutes au total. Bugs Moran qui était le motif principal du carnage y avait échappé. Il s'était trouvé retardé pour le rendez-vous de dix heures trente.

Au moment précis où retentissaient les coups de feu du célèbre massacre de la Saint-Valentin, Al Capone se trouvait à des centaines de milles de là, à Miami Beach, en Floride, en train de bavarder amicalement avec un de ses voisins, le district attorney (procureur de district) du county de Dade, sur le territoire duquel se trouve Miami Beach. Personne ne fut jamais inculpé pour le septuple assassinat. Personne ne peut aujourd'hui encore citer les noms des auteurs avec certitude. Mais l'exécution eut, de toute façon, le résultat d'éliminer définitivement l'un des trois plus importants gangs qui se disputaient le monopole du bootlegging à Chicago : le gang du North Side, dont Moran était alors le chef. Bugs Moran (le Cinglé) disparut du théâtre des opérations de la guerre des gangs ; son nom s'effaça de la chronique criminelle américaine, pour n'y réapparaître que vingt-huit ans plus tard, avec l'annonce de son décès, au pénitencier de Leavenworth, Kansas, où il était en train de purger une peine de dix ans de prison pour un pillage de banque.

LE CONCLAVE D'APALACHIN

Une grande date dans l'histoire de la mafia américaine est celle du 14 novembre 1957, quand la plus importante et la plus puissante assemblée de grands chefs mafiosi jamais réunie fut mise en déroute par un modeste gendarme de province. L'événement se passait trois semaines après la sensationnelle élimination d'Anastasia, et des décisions cruciales étaient à prendre. D'autres assemblées de chefs de la mafia avaient déjà été tenues, mais jamais avec un tel nombre de participants. Normalement, un meeting de ce genre n'aurait jamais réuni autant de gangsters, plus d'une centaine, mais en raison de l'atmosphère tendue dans laquelle il devait se dérouler, et du fait que la confiance ne régnait pas précisément à ce moment, chaque chef de gang y vint accompagné d'une cohorte de lieutenants et de gardes du corps.

Les convocations au congrès avaient été faites par Vito Genovese, et le fait que d'aussi nombreux chefs de gang s'y soient rendus était une impressionnante démonstration de l'autorité dont il jouissait alors. A l'origine, Genovese aurait préféré que tous se réunissent à Chicago, une cité qui avait le double avantage de jouir d'une position centrale et d'être suffisamment vaste pour que les congressistes puissent y passer inaperçus. Mais Stefano Magaddino, le capo de la mafia de Buffalo dans le nord de l'Etat de New York, avait une meilleure idée : pourquoi ne pas se réunir dans la propriété d'un de ses lieutenants, Joseph Barbara, à Apalachin, petite bourgade du centre de l'Etat, loin de toute grande cité ? L'environnement rural, disait-il, serait idéal pour échapper à la surveillance sophistiquée des polices métropolitaines... et l'air de la campagne aurait le meilleur effet sur d'éventuels caractères excités.

Finalement Genovese avait accepté. Barbara, mis au courant de ses devoirs d'hospitalité, envoya son fils réserver des chambres dans les hôtels et motels des environs et passa une commande urgente de steaks de premier choix à la boucherie de la petite ville de Binghamton, distributrice locale de la célèbre Armour Company, de Chicago. Mais les pièces de bœuf de la qualité spécifiée par Barbara n'étaient pas en stock à Binghamton avec ses quelques dizaines de milliers de provinciaux ordinaires. Un ordre téléphonique fut passé à Chicago d'où un camion spécial partit des usines Armour à destination d'Apalachin avec des steaks de qualité supérieure... On n'en était pas à cela près !

Un trafic immoral

Plus d'une centaine de chefs de la mafia arrivèrent à Apalachin, venant de toutes les grandes cités américaines, avec, de plus, deux délégués en provenance de Cuba et un de Sicile. L'ordre du jour comportait plusieurs points d'importance. L'un d'eux était d'essayer de mettre fin à la violence et aux assassinats qui décimaient l'état-major de la mafia de New York City à la suite de l'assassinat d'Anastasia. Un autre était de discuter du Narcotics Control Act, émis en 1956 par le service des stupéfiants de Washington. Quelques importants mafiosi étaient d'avis d'éliminer purement et simplement tous les agents du service qui pourraient être reconnus. Mais la majorité des grands chefs était d'avis de ne pas lancer la mafia dans le trafic de drogue qu'elle avait toujours désapprouvé et qu'elle considérait, à juste titre, comme immoral.

La majorité des membres de la mafia était même d'avis d'appliquer la peine de mort aux mafiosi de tous rangs qui désobéiraient et se livreraient au trafic des narcotiques. Un trafic dont les gangsters de l'entre-deux-guerres, y compris ceux du célèbre Syndicate, avaient toujours eu une sainte horreur. Comme il en fut en bien d'autres époques de l'Histoire des USA, les mafiosi des années 50 avaient vu juste en l'occurrence. Actuellement, les Etats-Unis sont en proie à une gigantesque expansion du trafic et de l'usage des stupéfiants, contre quoi toutes les polices nationales et fédérales restent totalement impuissantes. Dans plusieurs Etats, des lois ont été passées, décrétant la peine de mort pour les trafiquants et les distributeurs (*dealers*) de narcotiques, ce qu'avaient proposé les gangsters de la mafia trente ans auparavant !

La discussion d'autres questions d'importance était inscrite à l'ordre du jour du conclave d'Apalachin... Mais aucune ne devait être abordée. Loin d'être le site idéal pour une telle congrégation, ce patelin perdu se trouva être tout juste le contraire. Le rassemblement attira l'attention d'un policier local particulièrement alerte, le sergent Edgard D. Crosswell, du corps des New York State Troopers (les state troopers dépendent d'un Etat individuel et non des autorités fédérales de Washington. Ils étaient à l'origine une force de gendarmerie montée. Ils sont aujourd'hui motorisés, naturellement, mais il leur arrive parfois encore d'utiliser des chevaux pour poursuivre des bandits à travers la nature.). Le sergent Crosswell donc n'avait pas manqué de remarquer l'arrivée dans son secteur d'un nombre anormal d'énormes limousines noires conduites par d'élégants gentlemen aux allures soupçonneuses. Il lui semblait aussi se souvenir d'avoir vu les photos de quelques-uns d'entre eux sur des affiches de recherche de la police.

Peu après midi, le 14 novembre, il les vit se concentrer autour de la demeure de Joseph Barbara, un citoyen sur les activités duquel les autorités de l'Etat de New York, et celles de Washington même avaient eu l'occasion de jeter un regard curieux, de temps à autre. Les congressistes eurent à peine le temps d'échanger leurs salutations et amitiés avant de passer dans le jardin, où le beau temps avait permis d'organiser un splendide barbecue, avec les fameux steaks de Chicago au premier plan, lorsqu'un des lieutenants de Barbara arriva en courant et en criant que la police était en train de barrer les routes !

Des citoyens prospères

Le sergent Crosswell n'avait aucune idée de ce que signifiait cet encombrement de Cadillacs noires autour de la demeure de Barbara, ni de ce que ces douzaines de citadins d'apparence prospère pouvaient avoir à faire dans son modeste village d'Apalachin. Il n'avait que trois *deputies* (assistants) pour l'aider, et il ne pouvait manifestement pas aborder de front une pareille mobilisation. A tout hasard, il décida d'établir un barrage routier et d'attendre de voir ce qui se passerait. Ce qui se passa fut une panique générale dans les rangs de la mafia ! Sans attendre de savoir si le state trooper avait un mandat d'arrêt ou de perquisition – il n'avait ni l'un ni l'autre – les congressistes s'enfuirent dans tous les sens. Quelques-uns prirent la route avec leur voiture : ils furent arrêtés, questionnés, leurs identités vérifiées, puis relâchés, mais pour être inculpés par la suite. De nombreux autres gagnèrent à pied les champs et les bois. Quelques-uns, leurs costumes de soie quelque peu endommagés par la broussaille, furent interceptés par les policiers que Crosswell avait demandés en renfort. Mais un certain nombre leur échappa totalement.

Les quelque cinquante gangsters arrêtés et fouillés par Crosswell et ses hommes étaient des citoyens prospères. L'argent liquide qu'ils avaient sur eux s'élevait à plus de 300 000 dollars au total. Ceux qui s'étaient envolés dans la nature avaient aussi jeté derrière eux des liasses de billets de banque, avec lesquelles ils préféraient ne pas être pris. Quelques-uns de ces délégués s'étaient aussi rapidement débarrassés de pistolets ou de revolvers de gros calibre. Le Justice Department estima, plus tard, que cinquante des gangsters au moins avaient passé à travers les mailles du filet. Une vingtaine de ceux qui avaient été arrêtés furent inculpés pour obstruction à la justice en refusant d'expliquer la raison de leur présence à Apalachin. Ils devaient être jugés par la suite, reconnus coupables et condamnés à de fortes amendes. Ils firent appel et obtinrent de la Cour l'annulation des jugements, pour le motif que le fait de se rassembler comme ils l'avaient fait ne constituait pas à lui seul un délit criminel. L'audacieuse initiative du *state trooper* Cromwell n'aboutit qu'à une défaite finale de la justice, et il est probable qu'elle ne lui valut même pas les félicitations de ses chefs.

L'affaire d'Apalachin n'en avait pas moins fait un bruit considérable à travers tous les USA. Les délégués inculpés avaient certifié comme un seul homme avoir simplement rendu visite à leur ami Barbara pour le réconforter à la suite d'une faiblesse cardiaque. Toutes les autres questions des magistrats ne suscitèrent que l'invocation du célèbre cinquième amendement à la Constitution des USA, qui donne à toute personne interrogée le droit de ne pas répondre si par sa réponse elle risque de s'incriminer elle-même [1].

1. Cet amendement rend les plus grands services aux bandits des Etats-Unis. L'autre, le deuxième, donne aux citoyens américains le droit sacré de posséder des armes et de s'entre-tuer, à raison d'environ dix-huit mille victimes chaque année.

En fait, l'affaire d'Apalachin avait ridiculisé tout le monde, d'un côté comme de l'autre : les mafiosi pour s'être affolés comme des lapins à la vue d'un insignifiant cop de province ; les policiers pour avoir déclenché une action qui n'avait abouti qu'à une désapprobation finale par la cour d'appel.

Comme le fit remarquer avec humour un journaliste américain de l'époque, le grand conclave d'Apalachin aurait pu tout aussi bien être une réunion du Rotary Club. La plupart des mafiosi interpellés avaient des occupations de couverture parfaitement légales et patentées. Une douzaine d'entre eux étaient des importateurs d'huile d'olive ou de produits italiens. Une autre douzaine exploitait des réseaux de distributeurs automatiques de cigarettes et autres articles. Certains avaient des occupations aussi diverses que des entreprises de camionnage, des chaînes de snack-bars, de boulangeries ou d'entreprises de pompes funèbres. Par ailleurs, une cinquantaine d'entre eux avaient déjà eu affaire avec la police, et une vingtaine avaient subi des peines de prison. Plusieurs des grands chefs de la mafia avaient été eux-mêmes interpellés, dont notamment Vito Genovese et Joseph Bonanno. Un autre, des plus importants, Sam Giancana, le gang overlord de Chicago à ce moment-là, s'échappa pense-t-on, à travers la nature. Et ce, sans le moindre résultat pour qui que ce soit.

LE JOUR DE L'UNITÉ

Une manifestation italienne organisée par Joe Colombo se déroula dramatiquement le 28 juin 1971, sur la célèbre place new-yorkaise dite le Columbus Circle, autour de la statue de Christophe Colomb qui domine la place, à l'orée de Central Park. Trois jours auparavant, Joe Colombo avait été photographié devant la statue, qu'il avait aidé à décorer avec des banderoles aux couleurs italiennes, rouge, blanc et vert. Des milliers d'Italo-Américains, habillés dans leurs couleurs nationales, se pressaient sur la place. De la musique était diffusée depuis l'estrade, des camelots vendaient des hot-dogs et du Coca-Cola, ainsi que des chapeaux de paille commémorant l'Italian American Unity Day. D'autres vendaient des petits drapeaux et des boutons à épingler, inscrits de fières devises : *We're n° 1* ou *Italian power* !

Les célébrants étaient venus en autobus, en métro, en train et en voiture, de tout New York City, du New Jersey et des proches banlieues. Plusieurs centaines de policemen canalisaient et maintenaient la foule, prêts à calmer les enthousiasmes excessifs, si besoin était. Lorsque Colombo, le grand promoteur de l'Italian Civil Rights League, arriva sur la place, dans sa puissante limousine avec chauffeur, il fut accueilli par une immense ovation. Colombo descendit de voiture et s'avança vers l'estrade, souriant à tous et serrant des mains comme un politicien en visite sur son turf électoral.

Mais son sourire s'assombrit quelque peu : il avait vu dans la foule des célébrants de nombreux vendeurs de hot-dogs et de Coca-Cola qui n'avaient pas été autorisés par la Ligue. C'était très mauvais pour le business. Colombo avait commandé 200 000 sandwiches et 400 000 bouteilles de boissons gazeuses pour le rallye ; il n'avait pas besoin de concurrents ! Il en fit part à un des lieutenants de la police, qui lui répondit que les camelots n'enfreignaient aucune loi, et qu'il ne pouvait pas intervenir contre eux.

Colombo reprit sa marche, le front toujours soucieux, précédé de l'officier de police. Puis il retrouva son sourire politique lorsqu'une femme noire le salua bruyamment et avec un grand geste de la main. Colombo lui rendit le salut et le geste, et prit même la pose devant la caméra d'un jeune homme noir qui côtoyait l'admiratrice. Puis il se retourna et reprit sa marche vers le podium.

Soudain, le jeune homme, un certain Jerome Johnson, âgé de vingt-quatre ans, apprit-on par la suite, courut derrière Colombo, dégaina un pistolet automatique allemand et tira trois balles de 7,65 mm, à bout portant. Joe Colombo, qui avait affirmé bien des fois que la mafia n'existait pas, s'écroula sur le sol, le sang coulant à flots de sa tête et de son cou. Quelques secondes plus tard, une deuxième salve de coups de feu retentit. Jerome Johnson, le Noir qui avait tiré sur Colombo, s'effondrait à son tour, mortellement atteint. Sur le Columbus Circle, ce fut la terreur et la confusion.

Le Saint de l'impossible

Deux hommes gisaient au pied de la statue de Christophe Colomb. L'un était mort, l'autre grièvement blessé. Une ambulance arriva, sirène hurlante. Colombo y fut transporté dans une civière qu'il rougissait de son sang. La rage s'empara de la foule lorsqu'elle apprit que Colombo avait été apparemment tué par un Noir. La rumeur du pire se répandit : « *Joe's dead* ! »

Plusieurs Noirs qui se trouvaient parmi les manifestants furent attaqués et violemment frappés ; l'un d'eux était un musicien qui était venu là pour jouer avec d'autres pendant la fête. Cinq ou six Blancs l'attaquèrent à coups de poing. Puis un semblant d'ordre se rétablit et le rallye reprit son cours : personne n'avait l'intention de laisser perdre 200 000 sandwiches. Un prêtre catholique entonna *the Lord's Prayer*, accompagné en chœur par la foule. Puis quelques politiciens firent des discours : Anthony Imperiale, du New Jersey ; Mario Biaggi, du Bronx ; Abraham Beame, de Manhattan. Eux non plus n'avaient pas l'intention de laisser perdre une occasion de se montrer devant plusieurs milliers d'électeurs.

A l'hôpital Roosevelt, les chirurgiens luttaient pour sauver la vie de Colombo. Ils opérèrent pendant cinq heures, au cours desquelles ils purent extraire une balle du cervelet. Dans la nuit qui suivit, les fidèles du fondateur de la Ligue marchèrent en rond, devant l'hôpital, des cierges allumés à la main, priant pour Colombo auprès de son saint patron, saint Joseph ; et auprès de saint Jude, le saint patron de l'impossible. La veillée se prolongea pendant les deux nuits suivantes. Les deux saints firent ce qu'ils purent et conservèrent leur client en vie. Mais lorsque, deux mois plus tard, il fut transporté de l'hôpital Roosevelt à la maison de son fils, à Brooklyn, il restait totalement paralysé et incapable de parler. Colombo était fini ; il devait décéder en 1978, complètement oublié. Quant à ce qu'il en était du fameux Jour de l'Unité, le grand magazine *Life* le décrivit en un gros titre éloquent : *Unity Day that split the mob*, le Jour de l'Unité qui divisa les gangsters.

Le lendemain de l'attentat, l'acteur noir Sammy Davis Junior s'était rendu au chevet de Joe Colombo, à l'hôpital Roosevelt. Son seul commentaire en sortant de l'hôpital fut que « Colombo avait toutes nos prières ». Cette démarche était en fait destinée à atténuer l'animosité qui se développait envers la communauté noire à laquelle l'assassin de Colombo appartenait. Quant aux raisons ou aux causes de l'attentat, elles restèrent à jamais obscures. Plusieurs hypothèses furent émises. L'une d'elles avançait que, les instigateurs du crime étaient des militants noirs... dont le but était toutefois difficile à concevoir. Eliminer un militant italien n'avançait en rien leur cause.

Plus vraisemblable était que Jerome Johnson était un loner, un détraqué solitaire, qui avait agi sous on ne savait quelle impulsion psycho-pathologique. Cette thèse cadrait mieux avec ce qu'on savait de sa personnalité et de ses antécédents. Le jeune Noir était un personnage bizarre, s'occupant d'astrologie, de trafic de drogue, un homosexuel collectionneur de photos pornographiques, souteneur occasionnel se faisant entretenir par des prostituées, sans métier ni domicile fixe. Personne ne sut jamais qui l'avait tué. Sans doute un des gardes du corps de Colombo.

Les mots à la mode

Le gros titre de *Life* était injuste en ce qu'il impliquait dans l'affaire non seulement les mobsters, mais encore tous les Italo-Américains assemblés dans Columbus Circle en ce Jour de l'Unité particulièrement mémorable, soit une grande majorité de citoyens honnêtes et respectables. Cependant, comme il en est de tous les groupements politiques du monde, les Italo-Américains s'étaient déjà divisés eux-mêmes. Leur première et plus ancienne association était celle des Americans of Italian Descent (AID). L'autre association était l'Italian American Civil Rights League, fondée plus tard par Colombo. Cette dernière avait largement éclipsé la première, probablement avec la puissante aide de la mafia. Colombo avait été très habile en adoptant dans son titre les mots de *civil rights*, des mots à la mode, qui ne veulent rien dire mais amènent toujours des adhérents, et surtout des contributions financières aux exploitants de n'importe quelle cause (les fameux *civil rights* des Americains de toutes les races humaines étant déjà plus qu'exploités et surexploités, les promoteurs de ce genre de business en sont arrivés à créer un mouvement pour les *animal rights*, avec un succès financier considérable.).

La rivalité notoire entre les deux associations

italo-américaines fit encore émettre une autre théorie à propos de l'attentat commis contre Colombo. La cause en aurait été la lutte à laquelle se livraient deux des familles de la mafia new-yorkaise pour la mainmise sur les associations, et sur les Italo-Américains de New York en général. L'une de ces familles était celle à laquelle appartenait Colombo, qui soutenait l'Italian American Civil Rights League. L'autre était celle du redoutable capo Joe Profaci, cité par ailleurs dans ce livre. La rivalité avait déjà fait une demi-douzaine de victimes dans le gangland, au cours des premiers mois de 1971. Un des lieutenants de Profaci avait cherché à prendre position dans l'association des Americans of Italian Descent. Certains pensèrent qu'il avait été l'organisateur de l'attentat contre Colombo. L'hypothèse était plausible, mais le fait ne fut jamais prouvé. La police n'avait trouvé personne à traduire en justice. Mais si l'homme en question était coupable, il n'allait pas tarder à avoir affaire à une justice plus efficace : celle de Joey Gallo, dit Crazy Joey, Joseph le Cinglé.

LES DERNIERS FRUITS DE MER DE CRAZY JOEY

Bien qu'aucune arrestation n'ait jamais été faite à propos de l'attentat commis contre Joe Colombo, la police de New York en était arrivée, officieusement, à la conclusion que Joey Gallo avait été, directement ou indirectement, l'instigateur du crime. Les enquêteurs arrivèrent à retrouver ce qu'ils pensaient être des intermédiaires entre Crazy Joey et le Noir Jerome Johnson. Joey Gallo avait passé plusieurs années en prison, et il s'y était fait de nombreux alliés parmi les Noirs (lesquels représentent 35 pour 100 de la population des prisons). Anthony Colombo, le fils de Joe Colombo, n'était pas de cet avis. Au cours d'une conférence de presse, il déclara, comme avait coutume de le faire son père, que la mafia n'existait pas, et que Joe Colombo avait été attaqué « par un psychopathe détraqué, de la même sorte que ceux qui avaient tué John F. Kennedy, Martin Luther King et Bobby Kennedy ».

Il est difficile d'imaginer pourquoi un détraqué de cette espèce aurait choisi comme victime un Joe Colombo, qui n'était qu'un politicien local de moindre importance que les trois personnages cités par Anthony. Il est également difficile de comprendre qu'il ait choisi de commettre son attentat en plein milieu d'une foule où il devait se rendre compte qu'il n'avait aucune chance d'échapper à un éventuel lynchage. On peut aussi supposer que le chef d'une des familles de la mafia de New York, le célèbre parrain du nom de Carlo Gambino, avait confié à Joey Gallo l'exécution d'un contract contre Joe Colombo, un mafioso devenu gênant de par ses prétentions politiques (la mafia américaine ayant toujours cherché, à l'instar de la mafia sicilienne, à conserver un statut de société secrète.). Le montant des honoraires pour ce job aurait été de 40 000 dollars. Gallo aurait confié l'exécution elle-même à des sous-traitants noirs de ses amis, genre de transaction qui se pratiquait couramment entre mafiosi et autres gangsters.

Si Joey Gallo était réellement l'instigateur de l'attentat, il avait machiavéliquement pensé que Jerome Johnson ne survivrait pas à l'exécution de Joe Colombo, en plein jour et en présence de dizaines de milliers de ses partisans et admirateurs. Ou peut-être avait-il tout simplement chargé un de ses propres hommes d'abattre Johnson après qu'il eut tué Colombo, en profitant du désordre et de la confusion qui ne pourraient manquer de suivre. Ceci aurait eu pour Gallo le double avantage de lui éviter de partager les 40 000 dollars du contract avec Johnson ou les autres sous-traitants. Et naturellement, Crazy Joey ne tenait pas particulièrement à ce qu'un détraqué tel que Johnson reste en vie pour l'impliquer dans l'affaire et même pour témoigner éventuellement contre lui. Tout ceci n'est que suppositions. Nul ne sait ni ne saura jamais qui a tué la pitoyable épave qu'était de toute façon Jerome Johnson.

Un homme persuasif

En décembre 1962, Joey Gallo avait été condamné à une peine de sept à quatorze ans de prison (le maximum) pour tentative d'extorsion et chantage, au préjudice d'un propriétaire de bars et restaurants de Brooklyn, au nom de Teddy Moss. Gallo avait rencontré Moss, une nuit, dans un de ses bars. Suivant la bonne vieille coutume de la mafia, il l'avait informé que lui-même, Gallo, était maintenant son associé, et que Moss, à l'avenir, aurait à partager ses bénéfices avec la mafia. Joey Gallo était cette nuit-là accompagné de deux acolytes particulièrement persuasifs. L'un était un dangereux gangster juif du nom de Sydney Slater. L'autre était son garde du corps favori, un énorme Egyptien du nom de Ali Hassan Waffa, dit Ali Baba, dont le talent spécial consistait à briser de grosses planches ou à défoncer la poitrine de ses rivaux à coups de tête.

Après avoir tergiversé et fait semblant d'accepter, Teddy Moss avait demandé à réfléchir, et une nouvelle entrevue avec Gallo avait été convenue, au restaurant Luna, dans le quartier de la Petite Italie. Moss ne réfléchit pas une seconde, mais eut le courage d'aviser la police. Celle-ci fit d'abord mettre le téléphone de Moss sur table d'écoute, et plusieurs de ses conversations avec Gallo furent enregistrées sur bande magnétique. Le soir convenu, Moss, Gallo et ses deux complices se mirent à table au restaurant

Luna. A une table voisine, deux policiers et une policière, en civil, écoutaient la conversation. Moss faisait semblant de se montrer difficile, et Gallo devenait de plus en plus menaçant. Les éclats de voix ne laissèrent aucun doute aux policiers. L'un des deux hommes alla passer un coup de téléphone. Gallo fut arrêté à sa sortie même du Luna. Slater et Waffa le furent un peu plus tard. Ceci se passait au printemps 1962. Les avocats de Gallo réussirent à faire traîner les choses jusqu'au mois de décembre. Mais les enregistrements téléphoniques et les témoignages des policiers suffirent au juge pour condamner Gallo à la peine la plus lourde en regrettant que celle-ci ne soit pas plus élevée. Bénéficiant des remises de peine habituelles, Crazy Joey sortit de prison en mars 1971.

Un an plus tard, le 6 avril 1972, Joey Gallo célébrait son 43e anniversaire, en compagnie de sa deuxième épouse, Sina Essary, avec laquelle il s'était marié trois semaines plus tôt ; celle-ci était accompagnée de sa fille, Lisa Essary, une gamine de dix ans. Les autres membres de la *birthday party* étaient la sœur de Joey, Carmella Fiorello ; deux de ses gardes du corps : Robert, Bobby Darrow, Buongiovi ; Peter, dit Pete the Greek, Diapoulos. Ce dernier avait laissé son épouse et ses quatre enfants à la maison, et était accompagné d'une plus jeune amie du nom d'Edith Russo. Joey Gallo, en parfait chef de gang de la génération moderne, était en costume foncé, chemise blanche et cravate sombre ; les deux femmes en longues robes de soirée du dernier chic new-yorkais. Les gardes du corps étaient en costume prince-de-galles, dont les carreaux seyaient à leur robuste carrure.

La Petite Italie

La célébration avait commencé au Copacabana Club, dans Manhattan, où Joey et ses convives étaient arrivés vers onze heures du soir, pour ne pas manquer le dernier show, vers minuit. Ils en sortirent à quatre heures du matin. A ce moment, Buongiovi les quitta, pour aller finir la nuit avec une jeune femme qu'il avait rencontrée dans le night-club. Les six célébrants restants avaient faim et décidèrent de clôturer la fête avec un petit snack. Ils cherchèrent d'abord un restaurant dans Chinatown mais n'en trouvèrent aucun qui soit encore ouvert. De là, ils repartirent dans leur grosse Cadillac noire jusqu'au quartier de la Petite Italie. Leur premier choix aurait été le restaurant Luna, mais celui-ci était fermé. Un peu plus loin, leur attention fut attirée par la façade blanche et les lumières vives d'un restaurant italien encore ouvert.

Celui-ci était la Umberto's Clam House, un établissement récemment inauguré, restant ouvert jusqu'à six heures du matin pour accueillir les noctambules. Diapoulos « le Grec » gara la Cadillac devant le restaurant, les six occupants y entrèrent : l'endroit leur plaisait, ils se mirent à table. Leur arrivée chez Umberto avait été remarquée par un certain Joseph Luparelli, qui passait par hasard dans la rue et avait reconnu Diapoulos et Gallo. Luparelli était le garde du corps de Joe Yacovelli, ce dernier ayant pris provisoirement le commandement du gang de Joe Colombo, après son agression.

Luparelli courut jusqu'à un autre restaurant, une *pizza house*, à quelques centaines de mètres de distance, dans la Petite Italie. Il y rencontra quatre autres mafiosi, membres du gang de Colombo : Carmine DiBiase, Filippo Gambino, et deux frères seulement connus sous les noms de Cisco et Benny, tous des redoutables bandits et repris de justice. Luparelli envoya un messager chercher d'urgence des armes : deux pistolets automatiques de calibre 38 (9,5 mm), et un de calibre 32 (8 mm). DiBiase, Cisco et Benny prirent les trois armes et montèrent dans une première voiture, une Chevrolet, tandis que Luparelli et Gambino prenaient place dans une voiture de renfort, une deuxième Chevrolet. Les deux automobiles démarrèrent en trombe, et vinrent bientôt s'arrêter à proximité de l'Umberto's Clam House.

Vingt-sept coups de feu

Dans le restaurant, la birthday party de Joey Gallo se poursuivait joyeusement... toute la tablée plaisantait et faisait honneur aux fruits de mer d'Umberto et à ses vins d'Italie. Soudain, la porte d'entrée s'ouvrit, sous une poussée brutale. DiBiase, Cisco et Benny firent irruption dans la salle, leurs pistolets crachant des balles. Joey Gallo vit la mort en face de lui. Il eut le temps de pousser sur le sol sa sœur, Carmella, et son garde du corps, Pete Diapoulos, et de renverser la table devant lui. Les autres clients du restaurant se jetèrent sur le sol ; une autre table fut renversée ; des plats, des assiettes, des couverts, des bouteilles de vin et des flacons de tomato ketchup tombèrent en cascade et se brisèrent sur le sol, répandant des flaques rouges spectaculaires. Joey Gallo traversa la salle, en titubant, passa autour d'une voiture parquée devant le trottoir du restaurant, et s'écroula au milieu de la chaussée, allongé sur le dos.

Trois balles l'avaient atteint ; l'une avait traversé son poumon gauche, déchiré l'artère carotide droite et perforé le poumon droit ; une autre s'était logée dans la colonne vertébrale ; la troisième lui avait traversé le bras gauche. Pete Diapoulos, le garde du corps de Gallo, suivit les tueurs à leur sortie du restaurant et ouvrit le feu sur eux avec son revolver de calibre 25 (6,35 mm), sans les atteindre. Diapoulos avait été blessé d'une balle dans la cuisse. En moins de deux minutes, vingt-sept coups de feu avaient été tirés ; vingt par les tueurs et sept par Diapoulos. Par miracle, personne d'autre n'avait été atteint dans le restaurant. Les serveurs et les barmen apparemment habitués à ce genre de chose s'étaient prestement accroupis derrière le bar ou enfuis dans la cuisine.

Plusieurs voitures de police arrivèrent. Deux des policemen examinèrent Joey Gallo, toujours allongé dans la rue, décidèrent de ne pas attendre qu'une ambulance arrive et l'emmenèrent dans leur *patrol car*, à toute vitesse, jusqu'au plus proche hôpital, le Beekman-Downtown Hospital. Les internes de service ne purent que constater le décès de Gallo, en hochant savamment la tête. Diapoulos se refusa à dire quoi que ce soit, même à donner son nom aux policiers. Les cinq assassins, Luparelli, Gambino, DiBiase, Cisco et Benny, étaient déjà loin avec leurs deux Chevrolets, en route vers une maison sûre de la mafia, à Nyack, sur le fleuve Hudson, en amont de New York City. Leurs noms étaient connus, l'assassinat avait été commis en présence de plusieurs témoins dans le restaurant d'Umberto. Mais le meurtre de Joey Gallo ne fut jamais élucidé par la police.

La Nouille Napolitaine

Quatre mois après l'assassinat de Joey Gallo, quatre mafiosi du gang Colombo, Alfonso Persico, Jerry Langella, Ernest LaPonzina, Joseph Gentile, étaient accoudés au bar d'un restaurant de l'East Side de Manhattan, à l'enseigne du Neapolitan Noodle, en train de discuter des affaires courantes. Un ami ou un associé du gang Gallo se trouvait aussi par hasard dans le restaurant. Il alla téléphoner à un des membres du gang de feu Crazy Joey. Celui-ci en contacta d'autres. Ils décidèrent de ne pas laisser passer une aussi belle occasion d'exercer des représailles contre le clan des Colombo, les hommes qui avaient tué leur chef chez Umberto's. Mais ils agirent avec circonspection. Au lieu d'envoyer un des leurs, que Persico ou Langella reconnaîtraient certainement, ils engagèrent un *outside man,* un homme de l'extérieur, pour l'exécution du job.

Ceci se passait par une chaude nuit d'été, un vendredi soir. Lorsque les quatre Colombo eurent fini leurs consommations, au bar de la Nouille Napolitaine, ils quittèrent le comptoir et se rendirent vers le fond du restaurant. Les quatre places laissées libres au bar furent occupées par quatre hommes qui se trouvaient là, attendant avec leurs épouses une table libre pour le dîner. Un instant plus tard, une table se libéra. Les quatre hommes quittèrent leurs places au bar. A ce moment-là, un autre client s'éloigna de son scotch and soda, sortit deux pistolets de ses poches et tira, une arme dans chaque main, neuf balles au total, dans le dos des quatre hommes. Deux furent tués ; deux autres grièvement blessés. Le tueur retourna à son scotch and soda, finit de le boire, et sortit calmement du restaurant sans que personne cherchât à l'arrêter. Ceci aurait été très dangereux, de toute façon : il restait normalement encore trois balles dans ses deux revolvers à six coups.

Les quatre victimes étaient des négociants juifs, distributeurs de viande kascher, de New York et des environs : Jack Forem, Sheldon Epstein, Max Tekelch, Leon Schneider. L'exécuteur des hautes œuvres du clan Gallo avait pris les quatre commerçants pour les quatre gangsters du clan Colombo qu'ils avaient remplacés au bar. Comme il était à prévoir, cet attentat contre quatre victimes innocentes souleva une indignation générale, à New York. Le maire du moment, John Lindsay, exigea qu'il soit mis fin à ces guerres de gangs, et que les gangsters soient chassés de la ville.

Six ans auparavant, le Mayor Lindsay avait approuvé le fait que le *Youth board*, le Conseil des Jeunes de New York, ait sollicité l'aide du gang Gallo pour enrayer les incidents raciaux dans le quartier de South Brooklyn. Lindsay fut vivement critiqué pour cette approbation officielle du gangstérisme. L'argument imparable du maire était que « lorsqu'il s'agissait de stopper la violence, on ne pouvait pas toujours traiter avec les chefs des associations de boy-scouts. » Quoi qu'il en ait été alors, la violence raciale sévit encore à New York City aujourd'hui même ; et les romanciers et cinéastes américains continuent toujours à parer les mafiosi et autres gangsters d'une auréole romantique. L'affaire de la Nouille Napolitaine, soit dit en passant, est restée quant à elle un crime non élucidé.

La fin d'Ali Baba

Se rendant compte, malgré la dureté de sa tête, de la façon dangereuse et meurtrière dont tournaient les choses, l'ex-garde du corps de Joey Gallo, Ali Hassan Waffa, Ali Baba, décida de s'éloigner pour un temps du théâtre des hostilités. Ce qu'il fit judicieusement en s'engageant pour quarante jours comme cuisinier à bord d'un navire. Mais il n'avait fait que retarder l'inévitable échéance. Peu de temps après avoir remis le pied sur terre, il fut surpris un soir dans une ruelle du quartier du port de Hoboken, par des hommes qui lui tirèrent trois balles dans le corps, à bout portant, puis s'enfuirent à bord d'une voiture volée. Ali Baba décéda le surlendemain au St. Mary's Hospital, à Hoboken, New Jersey. L'automobile et le pistolet des tueurs furent retrouvés, à trois pâtés de maisons de distance. Les meurtriers ne le furent jamais.

L'acolyte d'Ali Baba, le gangster juif Sidney Slater, cité au début de ce chapitre, se trouvait un soir avec une girl-friend au night-club le Copacabana. D'autres gangsters new-yorkais s'y trouvaient aussi, par hasard – Carmine Persico, Donny Shacks Montemarano, Jiggs Forlano –, tous venus pour assister au spectacle de cette nuit de 1962 qui comportait un numéro du célèbre comédien noir Sammy Davis Junior. Persico invita Slater à sa table pour une raison restée inconnue. Slater n'était pas enthousiaste à l'idée de se joindre à la dangereuse compagnie. Mais Persico était persuasif et Montemarano, plus persuasif encore, sortit un pistolet de sa poche. Slater vint s'asseoir à leur table.

Finalement, la discussion que Slater avait manifestement cherché à éviter éclata, et devint de plus en plus violente. Forlano, un gangster encore plus vicieux que les autres, se jeta sur Slater et l'attaqua avec une arme aussi terrible que silencieuse, mais classique à New York City : une bague munie d'un petit crochet tranchant, dont les marchands de journaux se servent pour couper rapidement les ficelles des paquets de journaux qui leur sont livrés. Forlano avait l'intention d'arracher un œil à Slater ; mais ce dernier se déroba vivement, et le crochet l'atteignit au-dessous de l'œil. Les serveurs du night-club intervinrent et mirent fin à la bagarre, mais Slater conserva la cicatrice pour le restant de ses jours. Il semble qu'il ne fit plus jamais parler de lui par la suite, ce qui relevait évidemment de la plus pure prudence. Le nom de Carmine Persico devait réapparaître dans l'actualité, bien des années plus tard, lors des fameux procès de New York qui seront évoqués dans un prochain chapitre.

LA MAFIA IRLANDAISE

L'élimination de Crazy Joey Gallo, un gangster prétentieux et arrogant, qui était entré en conflit avec son propre chef de famille mafiosique, Joseph Profaci, n'avait pas été une grande perte pour la société new-yorkaise, ni pour l'humanité en général. Son effacement fut même probablement d'un grand soulagement pour les membres de son gang, car sa brutalité et ses prétentions politiques attiraient sur la bande une attention policière qui ne valait rien de bon pour le business. Joey Gallo avait deux frères, Umberto, américanisé en Albert, et Larry, qui continuèrent à entretenir l'activité du gang Gallo pour un temps, mais ne firent apparemment plus beaucoup parler d'eux et semblent avoir finalement disparu de l'histoire moderne de la mafia.

Albert Gallo était pittoresquement surnommé *the Blast*, une appellation difficile à traduire, mais impliquant nettement l'idée d'un personnage explosif. Celui-ci eut un jour l'occasion de présenter son père, Umberto ou Albert Gallo Senior, à un officier de police de ses amis, sur le territoire du gang Gallo, dans le quartier de Red Hook (le Crochet Rouge) à

Brooklyn. En faisant les présentations, Albert Junior raconta au policeman comment son père, natif de Naples, était arrivé à Boston, en 1920, passager clandestin à bord d'un navire italien et comment il s'était ensuite fixé à New York, où il s'était marié et avait fondé une famille.

A l'époque de la prohibition, Albert Gallo Senior avait réussi à réunir, avec plusieurs de ses compatriotes italo-américains, une très grosse somme d'argent pour l'achat d'une cargaison de scotch canadien, de contrebande naturellement. Mais, lorsque le cargo arriva dans les eaux new-yorkaises, une tempête se déchaînait et il fut impossible de l'amarrer à un quai où l'alcool pourrait être déchargé clandestinement.

Le navire dut reprendre le large. L'affaire échoua, les prêteurs redemandèrent leur argent à Albert Gallo Senior, et celui-ci ne fit pas la fortune escomptée. Selon Albert the Blast Gallo, sans la tempête, lui et ses frères Larry et Joe, auraient pu être diplômés de l'Université Harvard au lieu de l'être de celle des bas quartiers de Brooklyn. Mais la conclusion d'Albert Gallo Junior, qui rappelle un fait historique presque toujours oublié volontairement par les historiens officiels des USA est plus forte encore : « Si ce bateau avait pu accoster, mon père aurait été un autre Joe Kennedy, et qui sait ce qu'il serait alors advenu de nous, ses garçons ? »

L'alcool dans le sang

Le Joe Kennedy en question était Joseph Patrick Kennedy, le père du défunt président des Etats-Unis, John Fitzgerald Kennedy. C'est à la prohibition (1919-1933), et à la contrebande de l'alcool qu'il dut, comme Al Capone, la richesse qui fut la base de la fortune et de la puissance politique de tout le clan Kennedy, jusqu'à nos jours. Les immigrants irlandais qu'étaient les Kennedy avaient pour ainsi dire l'alcool dans le sang : le premier soin de l'ancêtre émigré à Boston vers le milieu du siècle dernier avait été d'y ouvrir un débit d'alcool que l'on appelait alors un saloon. Un de ses fils, Joseph P. Kennedy, se lança plus ambitieusement dans le business des alcools en gros, en tant qu'importateur, par pleins bateaux, et fournisseur d'un vaste réseau de distributeurs irlando-américains, au Canada et aux Etats-Unis. C'est par ce commerce légal qu'il commença à faire fortune.

Mais celle-ci n'était que de la menue monnaie à côté de la richesse qu'allait lui rapporter la stupide inauguration du régime sec aux USA. Joe Kennedy ne se lança certes pas personnellement dans le bootlegging de détail, mitraillette Thompson à la main. Mais il était en relations d'affaires, d'une part avec les exportateurs d'alcool à destination du Canada et des USA, d'autre part avec les distributeurs toujours légaux au Canada. Les distributeurs irlando-américains se lancèrent avec enthousiasme dans l'approvisionnement illégal des speakeasies, les débits d'alcool clandestins, qui pullulèrent bientôt par milliers dans les grandes villes américaines, où les débits d'alcool légaux n'avaient auparavant existé que par centaines.

La grande passoire

Ce réseau de trafiquants particulier fut surnommé, à l'époque, la mafia irlandaise, laquelle se heurta bientôt à la mafia italo-américaine. Celle-ci organisa naturellement, elle aussi, ses réseaux de contrebande de distribution et de distillation de (mauvais) alcool clandestin aux USA. L'un des plus célèbres gang overlords (souvenons-nous que ce titre désigne un très grand chef de gang) de Chicago était l'Irlandais Dion O'Bannion, dont l'assassinat par la mafia et les somptueuses funérailles restent l'un des plus fameux épisodes de la grande guerre des gangs de Chicago, guerre à laquelle participait aussi le célèbre Syndicate d'Alfonso Capone. Les hostilités à Chicago firent environ 700 morts... dont très peu d'innocents.

L'immense ligne de frontière, 6 400 kilomètres, entre le Canada et les Etats-Unis eut une énorme importance stratégique dans la contrebande américaine de l'alcool. Il était totalement impossible de rendre cette frontière imperméable à l'alcool (comme il est aujourd'hui impossible d'arrêter le trafic de la drogue à travers les 3 200 kilomètres de la frontière américano-mexicaine). Pendant toute la durée de la prohibition, du 16 janvier 1920 au 5 décembre 1933, la frontière Canada-USA resta la plus grande passoire à alcool de l'Histoire, pratiquement submergée en permanence sous un véritable Niagara de whisky et autres boissons alcoolisées.

Ceci n'est peut-être pas étranger au fait que la plus grande distillerie du monde se trouve aujourd'hui même au Canada. Curieusement, une petite colonie française apporta sa contribution historique à l'arrosage illégal des USA : les îles Saint-Pierre et Miquelon, qui furent surnommées les îles du champagne, tandis que les Antilles étaient naturellement appelées les îles du rhum. A ce moment, l'alcool illégal n'arrivait plus en Amérique par pleins bateaux, mais par flottes entières... qui venaient s'ancrer aux limites des eaux territoriales.

Leur cargaison clandestine était transférée jusqu'à la côte américaine dans de puissantes vedettes rapides (plus rapides que celles des douaniers et des gardes-côtes), qui étaient appelées les *rum runners*. Après le *repeal* (abrogation) de la prohibition, Joseph P. Kennedy se lança dans le cinéma et la politique, deux industries sœurs. Il se lança aussi sur les starlettes de Hollywood. En 1937, il obtint le poste d'ambassadeur des USA à Londres, où son extrême vulgarité lui valut une certaine notoriété dans la population des bas quartiers.

LAS VEGAS, VILLE OUVERTE

La capitale américaine des jeux d'argent qu'est Las Vegas, Nevada, a toujours été classée ville ouverte, ce qui signifie qu'elle n'a jamais été le fief d'une famille mafiosique locale, mais que son exploitation était accessible à toutes les grandes familles accréditées de la mafia, comme celles de New York ou de Chicago. Ceci avait pour but d'éviter qu'il ne s'y déclenche une lutte pour le contrôle exclusif de l'industrie locale des jeux d'argent, et que se déchaîne une violence susceptible d'effrayer les pigeons désireux de venir perdre leur argent autour des tables de jeu et des machines à sous des casinos.

Au cours des années, le système s'est révélé aussi efficace qu'il était judicieux. Aucune guerre des gangs n'a eu lieu à Las Vegas, et le taux de criminalité y est beaucoup moins élevé que dans les grandes cités américaines. Pour les joueurs, touristes et autres visiteurs, Las Vegas est la moins dangereuse des grandes villes des USA.

Si la mafia ne manifeste pas d'activités visibles à Las Vegas, elle y est, dans les coulisses, aussi présente que dans tous les grands centres où se déroule de l'action, comme disent les Américains. Presque tous les grands casinos et hôtels-casinos dont Las Vegas est essentiellement composée ont des mafiosi ou des alliés de la mafia parmi leurs actionnaires et exploitants. Il y a quelques années, deux journalistes américains, Ed Reid et Ovid Demaris, ont enquêté longuement à Las Vegas et publié le résultat de leurs recherches dans un best-seller très justement intitulé : *The Green felt jungle* (La jungle de feutre vert). Dans ce livre figurent les listes d'actionnaires des principaux casinos de Las Vegas. Ces listes comportent une grande majorité de noms italiens et de noms juifs, ce qui ne veut toutefois pas dire que tous ces actionnaires étaient des gangsters.

Une chose est certaine : les hommes qui lancèrent Las Vegas sur la voie d'un immense succès à la fin des années 1940 s'appelaient, entre autres, Frank Costello et Sam Giancana, Benjamin Siegel et Meyer Lansky, pour ne citer que les plus notoires parmi deux ou trois douzaines d'autres. Le premier grand hôtel-casino moderne, le Flamingo (Flamant Rose), fut construit à Las Vegas par Benjamin Siegel, qu'une *combination* de gangsters juifs et siciliens avait envoyé organiser les rackets de la mafia à Los Angeles, la ville qui fournit aujourd'hui les trois quarts de leur clientèle aux casinos du Nevada.

Le Nevada était à l'époque le seul des cinquante Etats américains où les jeux d'argent étaient légaux. Il le resta jusqu'en 1978, date à laquelle le New Jersey se mit de la partie. Aux dernières nouvelles, la Floride avait, elle aussi, émis l'intention de légaliser les jeux d'argent dans ses stations de plaisance de Miami Beach et autres. Une intéressante exclusivité que conserve toujours le Nevada est d'être par ailleurs le seul Etat où la prostitution soit légale et patentée.

Des hannetons dans la cervelle

La mission de Benjamin Siegel en Californie n'était pas la conquête de Hollywood, mais celle du monde des rackets. En réalité, la mafia avait été présente en Californie depuis le début du siècle. Dans la période de trente-sept ans, quarante et un gangsters avaient été tués, rien qu'à Los Angeles, trente-quatre Siciliens et Italiens, quatre Juifs et trois Irlandais, soit un mélange racial très représentatif de criminels engagés dans le bootlegging, le trafic des narcotiques, la prostitution, le bookmaking et autres rackets.

Le crime n'était donc pas une nouveauté en Californie, mais il n'existait pas d'arrangements entre les divers gangs, pas d'organisation centrale, pas d'actions concertées ni de mise en commun des efforts, comme c'était le cas dans les grandes cités de l'Est et du Midwest. Benjamin Siegel, l'un des plus importants gangsters juifs de New York, était l'homme qu'il fallait pour mettre la situation en ordre, et son premier travail à Los Angeles avait été de former une coalition des gangs les plus importants, dont il devint naturellement le chef, avec le soutien de la mafia de Chicago et de New York.

Benjamin Siegel était plus connu sous le nom de Bugsy Siegel, un mot argotique difficilement traduisible en français. *Bug* et ses dérivés sont des mots très employés, avec des douzaines de sens, dans la conversation populaire américaine. *Bug* signifie insecte, coléoptère, punaise... *bugsy* indique que le titulaire du surnom a en quelque sorte des hannetons dans la cervelle. Bugsy Siegel était loin d'être fou toutefois, mais ceci ne l'empêcha pas d'être assassiné le 20 juin 1947, dans la villa mauresque d'une beauté hollywoodienne au nom de Virginia Hill, à Beverly Hills, dans la banlieue de Los Angeles.

Un tireur d'élite

Bugsy Siegel lisait paisiblement son journal, ce soir-là, assis sur un divan du grand salon du rez-de-chaussée, à la lumière d'une lampe de table, en face d'une fenêtre dont ni les rideaux ni les volets n'étaient fermés. A l'extérieur, dans la pergola du jardin, un tireur d'élite appuya posément le canon d'une carabine de l'armée américaine au calibre 30 (7,65 mm) sur une des lattes de la balustrade, pressa plusieurs fois la détente et logea, à travers un des carreaux de la fenêtre, quatre balles blindées dans l'anatomie de Siegel, deux dans la poitrine et deux dans la tête, chassant définitivement les hannetons qui pouvaient s'y ébattre.

L'assassin précis et méticuleux de Bugsy Siegel resta à jamais inconnu. La police supposa que Siegel avait été l'objet d'un contract émis contre lui par Lucky Luciano, le chef suprême de la mafia, à l'époque. Plusieurs raisons à son élimination ont été avancées. Pour les uns, la mafia avait investi trois millions de dollars dans la construction du Flamingo et s'impatientait de ne pas en toucher le rapport. Pour d'autres, Bugsy Siegel dépensait trop largement l'argent de la mafia, se faisait remarquer par sa tenue voyante, son arrogance et sa conduite tapageuse à Hollywood et à Las Vegas. Or une règle de la mafia américaine exige que ses hauts dirigeants soient aussi discrets, sinon plus, que les modèles de discrétion que sont, par exemple, les hauts dirigeants de la General Motors Corporation.

Il n'en demeure pas moins curieux que vingt minutes après que Bugsy Siegel eut été perforé de quatre balles blindées à Los Angeles, trois Juifs, Little Moey (Moïse) Sedway, Morris Rosen et Gus (Gustav) Greenbaum prenaient possession du Flamingo à Las Vegas, au nom de la combination judéo-sicilienne. Au même moment, les voitures de police de Beverly Hills stoppaient en catastrophe devant le numéro 810 de Linden Drive (l'Avenue des Tilleuls) où se trouvait la (dernière) demeure de Bugsy Siegel... Gustav Greenbaum conserva la direction du Flamingo pendant quelques années. Le 3 décembre 1958, son employée de maison, Pearl Ray, le découvrit, lui et son épouse, assassinés dans leur demeure de Phoenix, Arizona, à coups de couteau de cuisine... une méthode d'un manque d'élégance dont les mafiosi auraient eu honte. Ceci fit supposer qu'ils avaient pu être tués par des cambrioleurs ordinaires. Quoi qu'il en ait été, les meurtriers restèrent aussi inconnus que l'avait été celui de Bugsy Siegel.

Les Mormons et les Paiutes

Lorsque la mafia avait commencé à s'intéresser à Las Vegas, les jeux n'y étaient pas une nouveauté. Les premiers Blancs à découvrir le site, en 1776, étaient une compagnie de soldats du roi Charles III d'Espagne, accompagnés du chapelain traditionnel, le Padre Escalante. Mais ils ne firent que passer, et Las Vegas resta simplement une halte sur la vieille piste espagnole, *the Old Spanish Trail*, lieu où les explorateurs et les pionniers campaient parce qu'il y avait de l'eau... cette eau qui a donné son nom à l'un des plus grands centres de consommation d'alcool du monde. Le mot espagnol *vega*, qui n'a pas d'équivalent français, désigne en effet une étendue de prairie marécageuse et parfois inondée.

Fait peu connu en Europe, et même aux USA, les premiers fondateurs de Las Vegas furent des gens qui s'interdisaient, et s'interdisent toujours, les jeux de cartes et autres, même joués pour des haricots, les boissons alcoolisées, le café, le thé et le tabac. Ces gens étaient les trente Mormons envoyés en 1855 à Las Vegas par Brigham Young, le prophète, polygame et colonisateur de l'Utah. La mission de ces trente pionniers était de construire à Las Vegas un fortin destiné à protéger les immigrants mormons remontant de la Californie vers la vallée du Grand Lac Salé.

Une autre de leurs missions consistait à convertir au dieu des Mormons les bandes d'Indiens paiutes qui erraient à travers le désert. Mais ceux-ci se refusaient à se reconnaître comme les descendants de l'une des tribus perdues d'Israël, ce que sont tous les Peaux-Rouges d'Amérique dans la Bible des Mormons. Les Paiutes, une race primitive oisive et ignorante, n'étaient de toute façon pas du *converting type*. Ils étaient cependant, en un sens, les vrais ancêtres des habitués de Las Vegas, passant leur éternel temps de loisir à jouer en faisant rouler des osselets de mouton et des petits bouts de bois colorés sur le sable du désert.

La colonisation mormone échoua, et la mission retourna à Salt Lake City en 1858. Une autre raison du découragement des Mormons, des gens pourtant difficiles à décourager, fut qu'ils n'arrivaient pas à extraire et à couler dans leurs moules à balles de fusil le plomb du minerai qui abondait sur les lieux. La raison de cet échec, découverte par la suite, provenait du fait que ce plomb était de l'argent ! Vers la fin du siècle dernier, d'immenses gisements d'argent et d'or furent découverts et exploités dans les montagnes entourant la vallée aride dans laquelle se trouve Las Vegas. Ceci fut le début de la prospérité du Nevada en général et de Las Vegas en particulier. En 1905, la compagnie ferroviaire qui devint par la suite l'Union Pacific relia Las Vegas et les centres miniers au réseau national, et l'ancien point d'eau des Espagnols devint peu à peu ce qui est aujourd'hui l'une des plus célèbres cités américaines.

Les bandits à un bras

Les prospecteurs, les mineurs et autres pionniers du Far West étaient presque tous fervents des jeux d'argent. Ceux-ci avaient toujours été légaux au Nevada, mais ils ne s'étaient développés que modestement dans le début de ce siècle. Pendant longtemps, il n'exista dans les saloons que quelques antiques machines à sous, les fameux *one arm bandits*, les bandits à un bras ou bandits manchots, plus quelques tables de *craps* de fabrication locale. Le jeu favori des conquérants de l'Ouest était le poker, comme ne cessent de le rappeler dramatiquement les westerns. Il y a toujours des tables de poker dans les casinos de Las Vegas et de Reno, mais ce n'est pas le poker qui compte dans les recettes. Ce jeu n'intéresse plus que très peu les actuels *gamblers* (joueurs d'argent).

Le poker est aujourd'hui un jeu trop lent. Il en est de même pour le baccara et la roulette. Les deux jeux qui rapportent aujourd'hui au casino sont le craps et les machines à sous. Le craps est le jeu des *high rollers*, les gros joueurs, un coup de dés est toujours plus rapide qu'une partie de cartes ou un tour de roulette. Les machines à sous sont réservées aux petits joueurs et aux touristes moins argentés qui forment une multitude, d'où le fait que certains des grands casinos de Las Vegas ont plus de mille machines à sous dans leurs salles, y compris quelques machines à sous pour gauchers, l'une des plus géniales inventions américaines. Le nom du craps (que l'on appelle en français la passe anglaise) dérive d'un amusant surnom américain du point de dés 1 - 1, que les anciens joueurs professionnels appelaient dans leur argot : *crab's eyes*, les yeux du crabe.

Les jeux d'argent sont sévèrement réglementés, parfaitement honnêtes et réguliers dans les casinos de Las Vegas. Le pourcentage du prélèvement légal sur l'ensemble des mises (de deux à vingt pour cent suivant les jeux) suffit largement à assurer un énorme bénéfice aux casinos. Les joueurs sont toujours perdants à la longue, jouant avec un pourcentage de chances inférieur à celui du casino (comme dans tous les casinos du monde). En revanche, l'affaire cesse d'être honnête dans les prélèvements illégaux faits sur la recette globale à la clôture des comptes de la journée, très tard dans la nuit, par les représentants de la mafia des grands casinos dont elle a secrètement l'exploitation. Naturellement, il ne s'agit là que d'une fraude fiscale, mais la fraude fiscale est, aux USA, un crime beaucoup plus honteux que l'assassinat en masse. Ce n'est en effet que sous l'inculpation de fraude fiscale que la justice américaine réussit à envoyer le regretté Al Capone en prison pour un temps. Mais contrôler ce que les mafiosi peuvent prélever en argent liquide sur les énormes recettes du jour dans les centaines de maisons de jeux du Nevada (et du New Jersey), est une totale impossibilité.

Le plus vieux métier du monde

La prostitution, le plus vieux métier du monde, est naturellement pratiquée sur une vaste échelle (horizontale) à Las Vegas, comme dans toutes les cités où circulent d'énormes quantités d'argent. D'après une statistique officieuse, dix pour cent de la population de la ville en vit, directement ou indirectement : barmen, chauffeurs de taxi, concierges d'hôtel, souteneurs, propriétaires de bars et de motels, showgirls, entraîneuses de jeux, et naturellement les prostituées pures et simples, si l'on peut dire. Comparé à l'énorme rapport clandestin des jeux d'argent légaux à Las Vegas, le rapport de la prostitution n'y est que d'un intérêt secondaire pour la mafia, mais l'Honorata Societa ne laisse jamais la moindre source de revenus inexploitée. Le défunt Lucky Luciano était en charge des deux secteurs, jeux et prostitution, toujours étroitement apparentés à Las Vegas. Mais la mafia a aujourd'hui même, dans les maisons de prostitution du Nevada, un pourcentage d'actionnaires ou d'exploitants aussi important que celui qu'elle a dans les casinos et autres maisons de jeux.

Comme on l'a déjà dit, la prostitution est légale au Nevada. Elle s'y exerce sous le régime de la *local option*, ce qui signifie que les counties (comtés, districts) sont libres de l'accepter ou non sur leur territoire. Tous l'acceptent, naturellement, étant donné qu'elle est l'une des meilleures sources de revenus fiscaux pour les institutions locales. La seule restriction est que le business de la prostitution ne doit pas être exercé à moins de 400 yards (365 mètres) d'une école ou d'une église. Selon une légende locale, lorsque se présenta, un jour, le cas d'une maison sise à moins de 400 yards d'une école, c'est l'école qui fut déplacée. Une décision d'une logique implacable... les écoles coûtent de l'argent ; les maisons en rapportent !

The Mann Act

Lors d'une des grandes vagues de vertu qui s'abattent périodiquement sur les infortunés citoyens américains, le gouvernement de Washington envoya les sbires du Federal Bureau of Investigation enquêter sur les rackets à Las Vegas (et à Reno). Les G-men n'avaient, au Nevada, aucune juridiction en ce qui concernait la prostitution. Mais dans un luxueux motel hébergeant quelque trois douzaines de professionnelles, ils découvrirent trois ou quatre pouliches sélectionnées, d'importation californienne. Ceci leur permit d'établir contre le propriétaire de la maison de prostitution une inculpation fédérale au titre du *Mann Act*.

Cette loi, dont le nom a été l'objet d'innombrables plaisanteries, ne concerne pas un acte d'homme. Son nom est celui du *congressman* (député au parlement de Washington) James Robert Mann (1856-1922), lequel fit voter en 1910 une loi prohibant, sous peine des pires sanctions, « de transporter des femmes ou des jeunes filles d'un Etat à un autre dans des buts immoraux ». L'affaire fut un magnifique exemple de l'hypocrisie avec laquelle les dirigeants américains tournent leurs propres lois pour avoir l'air de donner satisfaction à des électeurs non moins hypocrites. Les pouliches californiennes avaient franchi une frontière d'Etat. Le taulier de la boîte fut condamné à une amende (le prix d'une nuit de labeur pour une de ses pensionnaires) et l'affaire s'évanouit dans le ridicule. La prostitution continua à prospérer à Las Vegas, comme dans toutes les grandes cités du monde... y compris Washington, où elle est encore plus florissante que partout ailleurs.

FRANK SINATRA ET LA MAFIA

Bien que le célèbre *crooner* Frank Sinatra n'ait certainement jamais été un mafioso lui-même, le nom de la fameuse Honorata Societa que prétend être la mafia américaine ressort inévitablement à chaque nouvelle apparition dans l'actualité de Francis Albert Sinatra. Un *crooner* est ce que nous appellerions en français un chanteur de charme, mais le mot évoque aussi en quelque sorte une voix sirupeuse qui le définit. Bon nombre de ses concitoyens estiment que Frankie Boy a dû son lancement dans le show business à l'assistance des Siciliens de la mafia new-yorkaise plus qu'à ses talents de chanteur.

Sinatra était lui-même de descendance sicilienne, né en 1915 à Hoboken, New Jersey, une banlieue de New York City, juste sur l'autre rive du fleuve Hudson. L'engagement qui le lança sur la voie du succès fut un contrat avec un célèbre chef d'orchestre des débuts des années 1940, Tommy Dorsey. A cette époque, le protecteur de Sinatra était un certain Willie Moretti, le capo de la famille de la mafia du New Jersey. D'après une rumeur de l'underworld new-yorkais, Dorsey aurait été persuadé par Moretti de signer le contrat d'engagement de Sinatra grâce à la tactique mafiosique consistant à tenir le canon d'un pistolet chargé enfoncé dans la bouche de Dorsey.

Moretti devait être assassiné en 1951 dans une taverne du New Jersey, et Sinatra ne versa probablement que peu de larmes sur la disparition de ce parrain devenu gênant. L'histoire du pistolet dans la bouche n'est peut-être qu'une légende, mais ce n'est pas une impossibilité dans les mœurs de cette époque. Une chose est cependant certaine : Frankie Sinatra a toujours compté de nombreux mafiosi dans ses relations ; il a eu des intérêts financiers communs avec plusieurs des grands chefs de la mafia américaine, notamment en tant qu'actionnaire de maisons de jeux de Reno et de Las Vegas.

Lors des débuts de la carrière de Sinatra, le simple fait de fréquenter des gangsters n'avait en réalité rien d'exceptionnel dans le monde du spectacle. Un autre showman natif comme lui de Hoboken, l'acteur de cinéma George Raft, fréquenta, quelques mafiosi notoires... ce qui lui valut, beaucoup plus tard, quelques ennuis à propos de maisons de jeux. A cette même époque hollywoodienne, des stars telles que Jean Harlow et Cary Grant considéraient qu'il était très chic de fréquenter d'authentiques assassins en chair et en os. Longtemps avant Sinatra, un chanteur encore plus célèbre, l'immortel ténor Enrico Caruso, était un grand ami d'Al Capone et de ses joyeux bandits.

La liste noire

En 1962, Frank Sinatra était copropriétaire d'un hôtel-casino du Nevada, affaire dans laquelle il avait investi un important capital. L'établissement s'appelait Cal-Neva Lodge[1], parce qu'il se trouvait juste à la frontière de la Californie et du Nevada (une *lodge* est un chalet). Pour lancer l'affaire, Sinatra avait engagé diverses étoiles du spectacle, parmi lesquelles le groupe musical des MacGuire Sisters, des *top stars* du moment. L'une des trois sœurs, Phyllis, une belle blonde, était la maîtresse d'un top gangster, Sam (Salvatore) Giancana, le grand chef des rackets de Chicago. Dans l'été de 1963, Giancana vint retrouver sa blonde dans le chalet n° 50 de Cal-Neva Lodge, dont il était un autre des copropriétaires. A ce moment, Giancana figurait sur la liste noire du Service de la surveillance des jeux du Nevada, liste d'indésirables qu'il était interdit à tout directeur de casino de recevoir dans son établissement.

Sinatra et Giancana se considéraient comme au-dessus des lois du Nevada. Mais Giancana était un citoyen que le Federal Bureau of Investigation de Washington ne perdait jamais de vue. Lorsque sa présence à Cal-Neva Lodge fut connue, les autorités du Nevada furent alertées. La Commission de surveillance des jeux porta plainte contre Sinatra, lui signifiant que le fait d'entretenir Giancana chez lui discréditait l'Etat du Nevada et l'industrie des jeux. Sinatra répondit d'abord en niant l'évidence, puis en

1. Ce casino détient depuis le mois de février 1988, le record du plus gros *jackpot* – 6 814 823 dollars – payé à un joueur.

insultant grossièrement au téléphone le président de la Commission.

Sa licence d'exploitation des jeux lui fut supprimée, et il fut déclaré indésirable dans l'Etat du Nevada. Ceci l'obligea à vendre ses actions dans Cal-Neva Lodge ainsi que celles qu'il avait dans le casino des Sands (les sables), à Las Vegas, établissement dont il partageait également la copropriété avec plusieurs gangsters notoires. Son expulsion fut une grosse perte de revenu pour lui car, à cette époque, le Nevada était le seul des cinquante Etats américains où les jeux d'argent étaient légaux.

Un froid à la Maison-Blanche

L'affaire de Cal-Neva Lodge avait jeté un froid à la Maison-Blanche où Sinatra avait jusqu'alors été en grande faveur, particulièrement auprès de John F. Kennedy lui-même. Le chanteur avait toujours soutenu les démocrates et avait été d'une grande aide politique à leur parti et à John Kennedy, auquel il avait apporté l'influent soutien de nombreuses stars hollywoodiennes. Le président en fonction n'avait jamais manqué une occasion de chanter publiquement les louanges de Frankie Boy. Peu de temps encore avant son accession au pouvoir, Kennedy avait rendu visite à Sinatra, dans sa propriété de Palm Springs, en Californie.

Mais par la suite il espaça leurs relations. Le frère de Kennedy, Robert (qui devait être assassiné en 1968) le lui avait conseillé. Il s'inquiétait des relations de Sinatra avec les grands chefs de la mafia, et du tort que cette fréquentation pouvait faire à l'image présidentielle du grand frère. Lorsque John

Kennedy retourna en Californie, quelques mois plus tard, il déclina l'invitation de Sinatra et alla loger chez Bing Crosby, le rival de Sinatra depuis des années.

Quelques mois après l'affaire de Cal-Neva Lodge, en 1963, John F. Kennedy fut assassiné à Dallas. Des bruits coururent selon lesquels la mafia avait été l'instigatrice et l'organisatrice du crime, ce qui est très improbable. Jamais les dirigeants de la mafia n'auraient laissé commettre une erreur pareille, erreur qui devait infailliblement déclencher l'intervention de toutes les forces de police américaines contre toutes sortes de suspects et entraver les activités du monde des rackets pour des années à venir. Bien d'autres théories ont été émises au sujet des dessous de l'assassinat de Kennedy : aucune n'est vraiment satisfaisante. Mais les mafiosi et autres gangsters furent certainement les premiers à déplorer le crime, ne fût-ce que pour le tort qu'il faisait à leur business.

En 1978, l'Etat du New Jersey mit fin au monopole des jeux d'argent légaux du Nevada en les rendant également légaux sur son territoire. L'ancienne station balnéaire d'Atlantic City, à deux heures de voiture seulement de New York City, devint la deuxième capitale américaine des jeux d'argent. De nombreux hôtels-casinos s'y construisirent, les joueurs affluèrent, les affaires prospérèrent et Frank Sinatra, natif du New Jersey, estima qu'une part de cette prospérité lui était due. Bien qu'il se soit présenté avec autant d'insolence que d'arrogance aux autorités d'Atlantic City, une licence d'exploitation des jeux lui fut accordée (son nom attirait toujours les foules dans les casinos). Mais, après avoir provoqué plusieurs incidents particulièrement scandaleux avec les employés de jeu[1], et même avec les clients, la Commission des jeux de l'Etat dut intervenir, et Frankie Boy se vit contraint, en 1983, d'évacuer Atlantic City comme il avait dû quitter Reno et Las Vegas.

A côté de ses ennuis dans le domaine des jeux d'argent légaux, Sinatra s'en était aussi attiré d'autres dans le domaine des jeux d'argent illégaux. En 1962, il avait signé, conjointement avec deux autres showmen américains, Dean Martin (de son vrai nom Dino Crocetti) et le Noir Sammy Davis Junior, un engagement à la Villa Venice (Villa de Venise), une modeste *roadhouse* de la banlieue de Chicago. Le fait que cette simple hôtellerie de bord de route, avec jusqu'alors une clientèle plutôt familiale, ait pu engager un tel trio de célébrités coûteuses intrigua beaucoup le shérif du Cook County, la circonscription administrative dont dépendent Chicago et ses environs.

Ce shérif, Richard B. Ogilvie, ne tarda pas à découvrir que les trois complices n'avaient en réalité d'autre mission que celle d'attirer les pigeons de Chicago dans la toute proche maison de jeux clandestine de Sam Giancana. C'était en réalité la mafia qui faisait les frais de leur improbable apparition dans cette modeste hôtellerie pour sorties en famille du dimanche. Les trois illustres showmen durent

1. Les casinos américains recrutent très largement du personnel féminin, ce qui est rarement le cas en Europe. La présence de femmes menant le jeu autour des tapis verts attire indiscutablement une foule de joueurs. C'est avec ce personnel féminin notamment que Sinatra s'illustra scandaleusement.

quitter précipitamment les lieux, comme trois vulgaires voleurs de chevaux mis en déroute par un simple shérif local.

Scandale à la Havane

Une célèbre équipée scandaleuse de Sinatra est celle qu'il fit à La Havane en 1947, volant de Miami à Cuba dans un avion des Panamerican Airlines en compagnie de deux mafiosi notoires, les frères Joe et Rocco Fischetti, pour aller rendre visite à un mafiosi encore plus notoire : Lucky Luciano. Lucky Luciano avait été extradé en Italie. Il était venu en secret à La Havane, où il avait convoqué un certain nombre d'autres chefs de la mafia américaine en assemblée extraordinaire. Luciano avait, à cet effet, loué trente-six chambres du Nacional, le plus luxueux palace de la capitale cubaine à cette époque (l'époque du dictateur Fulgencio Batista y Saldivar). Les compagnons de voyage de Sinatra, les frères Fischetti, des cousins d'Al Capone, étaient des membres de la mafia de Chicago. Ils se rendaient à La Havane pour une mission aussi essentielle que confidentielle.

Lucky Luciano, quoique interdit de séjour aux USA, y conservait de considérables intérêts dans les rackets de la prostitution et des stupéfiants. Il fallait lui remettre d'énormes sommes d'argent pour des transactions passées et à venir, mais la difficulté était celle de les lui faire parvenir. D'après une enquête du Federal Bureau of Investigation de l'époque, la mafia américaine avait eu l'idée de lui faire passer les paquets de dollars, en billets de banque, dans les bagages à main de messagers voyageant en avion.

Les contrôles douaniers et policiers n'étaient pas très stricts alors dans les aéroports. D'après les hommes du FBI, dans la semaine de l'arrivée à La Havane de Sinatra et des frères Fischetti, deux millions de dollars furent remis à Luciano par Rocco Fischetti. On ne suggéra certes pas que Frankie Boy Sinatra ait porté les valises des deux mafiosi. Mais personne ne crut le chanteur lorsqu'il déclara plus tard, convoqué devant une Commission d'enquête sénatoriale, qu'il s'était rendu à La Havane simplement pour se chauffer un peu au soleil des Tropiques.

Une vraie « surprise » party

A l'époque de cette fameuse équipée, l'arrivée de Sinatra avait été un grand événement dans l'actualité de La Havane, et la presse habanera lui avait fait une place d'honneur sur toutes ses premières pages. Pour célébrer l'heureuse rencontre, Lucky Luciano avait organisé une joyeuse party dans ses appartements de luxe de l'étage le plus haut du Nacional. La célébration s'était prolongée très tardivement et très alcooliquement dans la nuit. Le lendemain, dans la matinée, un groupe de girl-scouts, conduit par une religieuse, arriva au palace, avec l'intention d'y rencontrer le célèbre chanteur américain.

Les jeunes gamines, leur main sur la bouche pour étouffer leurs petits rires excités, montèrent, avec leur nonne, jusqu'à la *penthouse* de Lucky Luciano. Trouvant les portes ouvertes, elles entrèrent timidement dans l'appartement. Une véritable « surprise » les y attendait. La scène qui s'offrit à leurs yeux innocents fit pâlir d'effroi leur religieuse. Le sol de la suite était jonché de bouteilles de champagne et de whisky vides, et d'un assortiment de sous-vêtements féminins. Sur les lits et les divans, des corps humains des deux sexes gisaient, à moitié ou totalement nus, certains ronflant bruyamment, dans des positions peu faites pour les regards innocents de girl-scouts, et encore moins pour des yeux de religieuses.

L'affaire fut naturellement étouffée à La Havane, où la mafia exploitait plusieurs grands casinos, qui rapportaient, en taxes et impôts, beaucoup d'argent au gouvernement Batista. Mais elle ne le fut pas aux USA, dont le gouvernement se trouva obligé d'intervenir auprès de Batista pour qu'il réexpédie Luciano en Italie, ce qu'il finit par faire, à son grand regret. Batista était à cette époque un grand ami des Etats-Unis, lesquels regrettent aujourd'hui amèrement de l'avoir laissé remplacer à Cuba par un autre dictateur.

Comme toujours, Sinatra nia l'évidence. S'il avait rencontré Luciano, dit-il, c'était simplement parce qu'il s'était trouvé par hasard en même temps que lui à La Havane, mais il n'avait jamais eu le moindre lien d'amitié avec lui. Quelques années plus tard, lorsque la police italienne perquisitionna dans l'appartement de Luciano, à Rome, elle y trouva entre autres un étui à cigarettes en or massif, gravé de la manière suivante : *To my dear pal, Lucky, from his friend, Frank Sinatra* (A mon cher pote, Lucky, de la part de son ami, Frank Sinatra).

Des parts de Sinatra ?

Toutes ces affaires scandaleuses ne nuisirent apparemment pas à la carrière de showman de Sinatra, et ne l'empêchèrent certainement pas d'amasser une énorme fortune. Sa réputation de chanteur est jugée en revanche très exagérée par beaucoup de ses concitoyens américains, et ceci amena parfois certains à se demander s'il ne devait pas l'essentiel de son succès au soutien de la mafia. On a même prétendu que l'Honorata Societa possédait des parts de Sinatra, comme des parts de chevaux de course, de champions de boxe et de taureaux reproducteurs – pratique courante aux USA. Mais il est en réalité probable que la légende, ou la réalité, de ses associations mafiosiques avait un aspect romantique peu fait pour déplaire aux générations de l'après-guerre auxquelles Sinatra dut principalement son succès et sa popularité. A soixante et onze ans, Frankie Boy souleva encore un tonnerre d'applaudissements lors des cérémonies commémoratives de la statue de la Liberté du 4 juillet 1986.

Frank Sinatra a quitté, entre-temps, le Parti démocrate, pour passer au Parti républicain. Ce qui n'a pas la même implication qu'en France où le fait de passer de la droite à la gauche ou vice versa est assimilé à une trahison. Changer de parti n'est pour les Américains rien de plus que démissionner d'un club pour adhérer à un autre.

Sinatra est un ami de Ronald Reagan depuis le temps de leurs débuts d'acteurs à Hollywood, et surtout quand le futur président devint gouverneur de la Californie. L'ex-indésirable au Nevada est devenu *persona grata* à la Maison-Blanche et à Washington... quelque chose comme maître des cérémonies du gouvernement. De plus, il a toujours une grande importance politique dans les milieux du show business, dans les milieux italo-américains, et qui sait, peut-être aussi dans la mafia, dont bon nombre de politiciens américains n'ont pas dédaigné le soutien dans le cours de l'Histoire.

LA FIN MYSTÉRIEUSE DE JIMMY HOFFA

L'extraordinaire offensive déclenchée contre la mafia par les autorités américaines à la fin de l'année 1986 a ramené à la surface une sensationnelle affaire, vieille de plus de dix ans. Il s'agit de l'inculpation de cinq mafiosi de Kansas City, accusés d'avoir écrémé les bénéfices des casinos de Las Vegas financés avec des capitaux fournis par l'Union des *teamsters* (syndicat des rouliers).

L'inculpation des mafiosi de Kansas City est particulièrement intéressante en ce qu'elle remet d'actualité le nom des teamsters et rappelle la mystérieuse disparition du plus célèbre de leurs présidents, Jimmy Hoffa, l'une des personnalités les plus marquantes de l'ère moderne des Etats-Unis. Jimmy Hoffa disparut le 30 juillet 1975, aux environs de son fief de Detroit, dans le Michigan, et il ne fut jamais retrouvé bien que 275 G-men du Federal Bureau of Investigation aient passé de nombreux mois à rechercher le disparu ou des indices de sa disparition à travers les rues de Detroit et de l'immense agglomération urbaine de la capitale mondiale de l'automobile. L'enquête n'est pas encore clôturée aujourd'hui. Jimmy Hoffa était un personnage trop important, et il n'y a de toute façon pas de délai de prescription pour les affaires d'assassinat, aux USA.

Une coopération dangereuse

Le disparu s'appelait James Riddle Hoffa, dit Jimmy, ex-président du plus important syndicat des USA et du monde, celui portant le titre curieusement désuet de *the International Brotherhood of Teamsters* (mot à mot, la confrérie internationale des charretiers ou « rouliers »). Cette Union a toutefois englobé, en plus du camionnage et des transporteurs, de nombreuses autres activités professionnelles. Parmi les plus inattendues figurent les hôtesses de l'air et les employés des pompes funèbres !

La confrérie des teamsters, sur l'insigne de laquelle figurent toujours les deux têtes de chevaux d'un attelage (team), comptait, au moment de la disparition de son président, plus de deux millions de membres en chiffre rond. Elle était aussi le plus riche syndicat du monde, avec quelque trois milliards de dollars accumulés dans ses caisses de retraite, ce qui n'était probablement pas étranger à la disparition de Jimmy Hoffa, estimèrent les policiers de Detroit, du Michigan et de Washington. Hoffa avait investi des dizaines de millions de dollars des fonds de retraite des teamsters dans plusieurs casinos de Las Vegas, entre autres le Dunes, le Stardust (Poussière d'étoiles), le Frémont (nom d'un des premiers explorateurs français du Nevada), dont il se trouvait être copropriétaire avec plusieurs importants capi de la mafia de Chicago et d'ailleurs.

Au moment de sa disparition, Jimmy Hoffa était en train de lutter pour reprendre la présidence des teamsters, poste qui avait été le sien pendant quatorze ans, de 1957 à 1971, et qu'il avait conservé pendant les années qu'il passa en prison, de 1967 à 1971. En juin 71, avant d'être libéré, Jimmy Hoffa avait installé un certain Frank Fitzsimmons dans le fauteuil présidentiel de la confrérie. Fitzsimmons était un fidèle de Hoffa, et il avait été convenu qu'il garderait simplement la place chaude pour la redonner à Hoffa à sa sortie de prison. A ce moment, Hoffa avait encore normalement neuf ans à tirer au pénitencier. Mais un coup de théâtre politique lui fit recouvrer prématurément sa liberté.

Une puissance électorale

En ce temps-là, en effet, tout prisonnier qu'il était, Jimmy Hoffa était encore puissant chez les teamsters, et les teamsters étaient une grande puissance électorale américaine, non seulement par eux-mêmes, mais encore de par leur énorme influence dans le monde ouvrier. Au début de 1972, Richard Nixon, lequel en avait le plus grand besoin, acheta le soutien politique des teamsters en faisant accorder une amnistie immédiate à Jimmy. Mais entre-temps, le fidèle Fitzsimmons avait pris goût au pouvoir, et il se refusa à redonner le fauteuil présidentiel à Hoffa, arguant du fait que l'amnistie présidentielle était conditionnelle et interdisait à Jimmy de prendre part à quelque activité syndicale que ce soit avant 1980. Hoffa avait demandé l'annulation de cette interdiction aux tribunaux, mais ses démêlés avec Fitzsimmons n'en avaient pas moins tourné, entre-temps, à la violence.

La condamnation de Jimmy Hoffa avait été le

résultat d'une campagne personnelle menée contre lui par le défunt Robert F. Kennedy, auquel son défunt grand frère, John F. Kennedy, avait octroyé la fonction d'attorney general des USA, poste équivalent à celui de ministre de la Justice. Robert F. Kennedy avait accusé Hoffa d'avoir utilisé les fonds des teamsters à son usage privé, de gouverner le puissant syndicat avec l'aide des gangsters de la mafia, et de divers autres méfaits plus ou moins graves. Il avait finalement réussi à faire condamner Jimmy à treize ans de prison pour abus de confiance, fraude postale, corruption de jury et tout un assortiment d'autres délits.

Jimmy Hoffa n'était certes pas un ange, mais Robert F. Kennedy s'était acharné sur lui pendant plusieurs années, uniquement dans son propre intérêt publicitaire et politique. Il s'était vanté à plusieurs reprises qu'il aurait la peau de Jimmy Hoffa, pour se poser en champion de la lutte contre le crime organisé, argument électoral des plus efficaces à l'époque, et encore très employé de nos jours, comme on l'a déjà vu. Dans le même temps, Robert F. Kennedy laissait de sinistres assassins s'en tirer avec des peines de prison insignifiantes ou même avec des mises en liberté sur parole. Ce que visait Robert était naturellement la succession de John F. Kennedy à la présidence des USA. C'était cette même présidence que visa, plus tard, le troisième frère, Edward M. Kennedy. Une ambition que le scandale de la mort mystérieuse de l'infortunée Mary-Jo Kopechne dans sa voiture devait l'obliger à abandonner en fin de compte[1].

1. Il s'agit de la célèbre affaire de Chappaquiddick.

Deux bombes sans résultat

Le quartier général de Jimmy Hoffa pour sa reconquête du pouvoir était le local 299, la section locale où il avait débuté dans le syndicalisme, quarante ans plus tôt. Le président de cette section des teamsters était alors un certain David Johnson, un ami et un (vrai) fidèle de Hoffa. Le vice-président en était Richard Fitzsimmons, le fils de Frank Fitzsimmons, que Hoffa considérait comme l'usurpateur de la présidence des teamsters. Avec un tel état-major, les choses avaient rapidement pris une tournure animée dans les ordres du jour du local 299.

En août 1974 déjà, l'explosion d'une bombe avait fait voler dans les airs le yacht de quinze mètres du président David Johnson, un bateau sur lequel Johnson et Hoffa avaient coutume de passer fréquemment d'agréables heures de détente en pêchant à la ligne, tout en discutant peut-être de politique syndicaliste. Et, en juillet 1975, une autre explosion réduisit à l'état de ferraille la luxueuse limousine Lincoln Continental de Richard Fitzsimmons. Ni l'un ni l'autre de ces attentats ne firent de victimes. Hoffa et Johnson n'étaient pas sur le yacht, et Richard Fitzsimmons ne se trouvait pas dans la voiture. Il n'en était pas loin, toutefois, juste de l'autre côté du trottoir, en train de déguster un whisky avec des amis dans le Nemo's Bar, sur Michigan Avenue, à Detroit. Plusieurs autres attentats eurent lieu dans le cours des mois suivants, entre des amis et des ennemis de Jimmy Hoffa, attentats qui ne firent encore que des blessés. Mais il était inévitable que, comme disent couramment les Américains, les choses deviennent pires avant qu'elles ne deviennent meilleures.

L'inquiétude de Joséphine

Jimmy Hoffa avait toujours été un homme respectueux de sa famille et même ses plus irréductibles ennemis lui reconnaissaient cette qualité, qualité qui, soit dit en passant, a toujours été celle des mafiosi. De ce fait, son épouse, Joséphine, commença à s'inquiéter lorsque son Napoléon ne rentra pas à la maison au soir de ce mercredi 30 juillet 1975. Vers dix heures, elle téléphona à quelques amis et leur demanda de venir lui tenir compagnie. A huit heures du matin, après une nuit sans sommeil, la famille de Jimmy alerta la police. Celle-ci retrouva la voiture de Hoffa, une Pontiac Grand-ville, dans le parking du Machus Red Fox Restaurant, établissement de luxe de Bloomfield, petite ville située à vingt-cinq kilomètres au nord-ouest de Detroit. Mais elle ne retrouva pas trace du court et robuste citoyen de soixante-deux ans qu'était l'ex-président de la confrérie des rouliers. Les policiers supposèrent que Jimmy Hoffa était venu au restaurant pour y rencontrer quelqu'un dans l'après-midi, que ce quelqu'un ne s'était pas trouvé au rendez-vous, et que Jimmy Hoffa avait téléphoné à son épouse. Mais le patron du restaurant, un certain John Miller, déclara ne pas avoir vu Hoffa dans l'établissement.

La personne que devait rencontrer Hoffa aurait été, toujours d'après les suppositions des policiers, un certain Antonio, dit Tony, Jack Giacalone, un vieil ami de Jimmy Hoffa et un des soldats de Joseph

Zerilli, le capo de la mafia de Detroit. Jimmy Hoffa, supposèrent les policiers, se serait rendu au Machus Red Fox Restaurant pour y déjeuner avec Giacalone. Les faits furent niés par Tony, mais ses dénégations n'avaient pas grand poids dans l'esprit des cops de la capitale mondiale de l'automobile. Au temps de la puissance de Hoffa, le syndicat des teamsters s'était trouvé en collaboration si fréquente avec la mafia que le président d'un Comité d'enquête sénatorial de Washington avait conclu « qu'un casier judiciaire très chargé était une condition préalable à l'avancement dans les hautes sphères de la confrérie des rouliers ».

Un crime fédéral

La police s'intéressait spécialement à Tony Giacalone pour une autre raison : il était à la fois un proche de Hoffa et de Frank Fitzsimmons. Tandis que les enquêteurs de Detroit recherchaient des indices et que la famille de Jimmy pensait qu'il avait été kidnappé, les agents fédéraux estimaient qu'il avait plus probablement été tué. A leur avis, Hoffa avait disparu avec un homme qu'il considérait comme un ami. Aucun signe de lutte n'avait été constaté dans sa voiture, ni sur le parking du restaurant. Et Jimmy Hoffa n'était pas homme à se laisser enlever sans se défendre vigoureusement.

Malgré ses soixante-deux ans, il était encore aussi énergique que n'importe quel jeune chauffeur de poids lourd. Il faisait tous les matins une ou deux heures de gymnastique et de travail aux poids et haltères. Il n'avait, d'autre part, jamais manqué une seule des nombreuses occasions qu'il avait eues de se bagarrer au cours de sa longue carrière de militant syndicaliste. Et il savait parfaitement que si quelqu'un avait voulu l'emmener de force, ce n'était pas pour lui faire faire une promenade touristique dans la verte campagne du Michigan.

Comme toujours dans les cas de disparitions sensationnelles, de nombreuses personnes téléphonaient, à la police ou à la famille de Jimmy, affirmant avoir vu Hoffa, ou son cadavre, un peu partout à Detroit et ailleurs. Les inévitables loufoques se manifestèrent aussi, par douzaines. Un psychiatre interrogea sous hypnose, et sans le moindre résultat sensé, naturellement, le gardien du parking du Machus Red Fox Restaurant, que l'on supposait avoir conversé avec Hoffa, tandis que celui-ci attendait on ne sait qui dans sa Pontiac. Le Federal Bureau of Investigation s'était joint aux polices de Detroit et du Michigan, sur la présomption du kidnapping, un crime fédéral tombant sous sa juridiction. Mais aucune demande de rançon ne fut jamais faite. Les *Feds* (argot pour agents fédéraux) estiment improbable que la vie de Jimmy Hoffa puisse maintenant être achetée pour quelque prix que ce soit.

Une pension généreuse

La famille de Jimmy Hoffa offrit une récompense de 200 000 dollars, « pour toute information concernant sa disparition ». Elle fit aussi appel aux membres de la confrérie des teamsters à travers tous les USA, pour qu'ils « l'aident à résoudre cet angoissant mystère ». Elle fit créer un Fonds de récompense Jimmy Hoffa, pour recueillir les donations qui viendraient s'ajouter aux 200 000 dollars familiaux.

Le local 299 de Detroit y ajouta immédiatement 25 000 dollars, suivis de beaucoup d'autres donations. Des centaines de personnes s'affairèrent pendant des mois à la recherche de Jimmy Hoffa, ou de son cadavre, dans l'espoir de toucher cette énorme prime de récompense. Celle-ci d'ailleurs reste toujours disponible, plus de dix ans après les faits !

L'une des pistes suivies par les policiers du Michigan les avait amenés à demander à leurs collègues du New Jersey d'enquêter au sujet d'un certain Antonio Provenzano, dit Tony Pro, un ancien compagnon de captivité de Jimmy Hoffa. D'après une source proche de Jimmy, celui-ci aurait eu l'intention de rencontrer trois hommes le jour de sa disparition : Antonio Provenzano, un capo de la mafia, et un important leader syndicaliste de Detroit. Provenzano déclara n'avoir eu aucun contact avec Hoffa depuis plus de quatre ans. Personne ne le crut.

Tony avait une raison personnelle d'en vouloir à Hoffa. Lors de leur commune villégiature aux frais de l'Oncle Sam, Provenzano, un ancien chef expulsé du local 560, la section des teamsters d'Union City, avait demandé à Hoffa de lui faire obtenir une pension payable par la caisse de la confrérie des rouliers. Mais Hoffa s'était refusé à intervenir en sa faveur (Jimmy Hoffa, soit dit en passant, avait lui-même obtenu un règlement de capital-pension de 1 700 000 dollars de la généreuse Brotherhood).

Une opinion générale

Un autre suspect encore plus proche de Hoffa fut longuement interrogé, et fortement soupçonné, par les diverses polices en charge de l'enquête. Il s'agissait de son fils adoptif, Charles O'Brien, recueilli par Hoffa à l'âge de quatre ans, son garde du corps depuis plusieurs années au moment de sa disparition et, peu de temps avant, passé dans le camp ennemi des Fitzsimmons. Les enquêteurs amenèrent O'Brien à avouer s'être trouvé au voisinage du lieu de la disparition de Hoffa, le fatal mercredi, et s'y être trouvé encore une fois le jeudi matin, au moment où fut découverte la Pontiac. O'Brien ne put jamais donner une explication satisfaisante de sa présence en ce lieu deux fois de suite, mais les agents du FBI ne purent trouver d'éléments suffisants pour leur permettre de lancer une inculpation contre lui.

L'opinion unanime, et logique, est que Jimmy Hoffa a été victime de son ambition de reprendre la tête du puissant syndicat des teamsters. Mais certains pensent qu'il existait d'autres motifs pour son élimination définitive. Jimmy Hoffa se serait déclaré écœuré de la trahison de ceux qu'il avait considérés comme ses frères et il aurait menacé de faire à la justice de sensationnelles révélations sur la longue association du syndicalisme et du gangstérisme aux USA. Hoffa en savait plus long que qui que ce soit sur ce déplorable aspect de la société américaine. Il était certainement à même de compromettre de nombreux dirigeants syndicalistes et de nombreux politiciens, tous directement ou indirectement associés avec la mafia. Il est également possible qu'il ait été victime d'un règlement de comptes au sujet de ses associations mafiosiques à Las Vegas. Une chose est certaine : il existait toute une foule de personnages sans scrupules dont le plus grand intérêt était d'envoyer Jimmy Hoffa dans l'autre monde.

LA MAFIA JAUNE DE CHINATOWN

Parmi les grandes attractions touristiques new-yorkaises (Broadway, l'Empire State Building, la statue de la Liberté, Harlem, etc), il en est une qui attire irrésistiblement les visiteurs : c'est le quartier de Chinatown, une ville chinoise de plus de cent mille habitants, sorte de Hong Kong en modèle réduit, implantée incongrument au beau milieu des gratte-ciel de Manhattan. Généralement, les touristes qui visitent le Chinatown new-yorkais ne regrettent nullement leur excursion, car ils n'en ont vu que les aspects les plus séduisants : innombrables boutiques de souvenirs et objets orientaux, de la pacotille, pour la plupart, et surtout, plus de cent cinquante restaurants offrant aux fins gourmets non seulement une cuisine chinoise d'excellente qualité, mais encore les cuisines régionales des provinces chinoises et orientales les plus gastronomiques.

Mais ce que les touristes d'un jour n'aperçoivent pas, c'est le brutal déchaînement de la violence qui sévit dans ce quartier depuis quelques années. Les visiteurs ne sont jamais, il est vrai, les victimes de cette violence, bien qu'il soit déjà arrivé à quelques-uns d'entre eux de se trouver malencontreusement au beau milieu d'un règlement de comptes entre Chinois. Cependant, la population du Chinatown de New York (mais aussi de ceux de San Francisco et de Chicago) eut pendant longtemps la réputation d'être le groupe racial le plus pacifique et le plus respectueux des lois de toute l'Union.

Tout s'est détérioré depuis que les désastreuses interventions des Américains en Extrême-Orient les contraignirent à laisser pénétrer sur leur territoire national une véritable inondation de nouveaux immigrants venus de Corée, du Vietnam, de Formose, de Hong Kong et, d'une manière générale, de presque tout le reste de l'Asie. Naturellement, ces Orientaux se sont fixés dans les Chinatowns des grandes cités, où il n'y avait ni place pour les loger ni emploi à leur offrir. C'est donc en concurrents qu'ils sont arrivés sur un marché des affaires et du travail déjà trop encombré. Les heurts étaient inévitables ; ils n'ont pas manqué de se produire.

Le contrôle des rackets

A l'instar de leurs prédécesseurs des quartiers juifs et italiens, et plus tard noirs et portoricains, les jeunes Chinois se sont organisés en bandes de gangsters qui se disputent le contrôle des rackets dans Chinatown, terrorisant les commerçants, leur imposant, ainsi que le faisait jadis la mafia, un droit de protection, et dévastant leurs boutiques ou leurs restaurants en cas de refus.

Imitant les bandes de Noirs de Harlem, les jeunes Chinois de Chinatown donnent à leurs gangs des noms spectaculairement terrifiants : les Dragons volants, les Aigles blancs, les Ombres spectrales (*Ghost Shadows*). Ce dernier gang, dit-on, compte jusqu'à une centaine de membres et a réussi à imposer une sorte de souveraineté sur tous les autres gangs importants du quartier chinois new-yorkais. Ce résultat n'a pas été obtenu sans une vingtaine d'assassinats de chefs de gang rivaux, crimes dont les auteurs sont restés inconnus et impunis, suivant une autre vieille tradition qui n'est pas à la louange de la police new-yorkaise.

Le racket des jeux d'argent, illégaux dans la ville et dans l'Etat de New York, est un business très florissant à Chinatown. Les Chinois sont les joueurs les plus acharnés et les plus passionnés du monde. A Chinatown, ils ont toujours joué, illégalement certes, mais pacifiquement, du moins jusqu'à ces derniers temps. Les gangs y exploitent aujourd'hui des douzaines de salons de jeux illicites, qui rapportent des millions de dollars à leurs exploitants, et à leurs éventuels protecteurs. A Chinatown, tout le monde connaît les tenanciers des maisons de jeux, mais personne n'en souffle mot, même avec la main devant la bouche. Les Chinois n'ont jamais été d'un naturel très bavard, de toute façon. Et ceux qui tiennent à leur vie ont rapidement appris qu'ils avaient intérêt à respecter la politique du silence.

La Conférence de Miami Beach

Les jeunes bandits aux yeux bridés de Chinatown ne sont pas des gangsters de cinéma prêts à s'entre-tuer à coups de mitraillette à chaque coin de rue pour un motif futile. Ils font maintenant partie de ce que les polices américaines appellent, dans leur impuissance à le combattre, le crime organisé. Les experts en la matière ont jugé certains gangs chinois de Chinatown assez importants pour en convoquer les chefs à une conférence de la mafia, tenue à Miami Beach, en vue de considérer l'éventualité d'une collaboration. Les gentlemen de l'Honorata Societa n'ont pas publié de compte rendu de ce curieux séminaire gangstérique. Mais depuis lors, les gangs de jeunes Chinois de Chinatown ont acquis le flatteur surnom de mafia jaune.

Les puissantes bandes chinoises de New York City ne contrôlent pas que le Chinatown local, mais aussi les quartiers chinois de Chicago, Detroit, Boston, et même Toronto, au Canada. Les dollars de la protection des restaurateurs, et ceux que perdent les Chinois sur les tables de jeu ne sont en réalité que l'argent de poche des nouveaux gangsters chinois. En fait, leur *big business* est le trafic des stupéfiants, notamment l'héroïne. Celle-ci provient de la culture du pavot dans le Triangle d'Or qui s'étend sur les confins de la Birmanie, du Siam et du Laos. Les affiliés aux bandes de Chinatown font voyager la drogue par mer, via Hong Kong, jusqu'au Canada. La drogue est acheminée jusqu'à Toronto, d'où de nouveaux courriers la passent avec aisance et rapidité jusqu'à New York City et autres lieux, à travers l'immense frontière, six mille quatre cents kilomètres, qui sépare le Canada des USA.

La Belle Epoque des *Tongs*

Les difficultés qu'éprouvent la police des stupéfiants et la police ordinaire à lutter contre les rackets des gangs de Chinatown ne sont pas des nouveautés. Les quartiers chinois américains ont toujours été les plus impénétrables de tous. Ils s'administrent eux-mêmes et règlent leurs affaires en famille, comme l'exprime un commerçant asiatique : « Nous ne voulons pas avoir affaire avec le monde autour de nous ; nous sommes chinois et nous voulons rester chinois ! » Aujourd'hui Chinatown est une sorte d'Etat étranger à l'intérieur même de New York. Le manque d'intérêt est réciproque. Moins de vingt pour cent des Chinois titulaires du droit de vote se dérangent pour se rendre aux urnes. Et aucun politicien new-yorkais n'a jamais fait le moindre effort susceptible d'aider Chinatown.

Bien avant que les jeunes Asiatiques ne se constituent en bandes organisées, Chinatown avait déjà ses sociétés secrètes, les *Tongs*. Elles remontent, en fait, au siècle dernier. Il s'agissait de groupements de familles, peu nombreuses, mais particulièrement riches. Aujourd'hui encore, les plus importants hommes d'affaires de Chinatown appartiennent à l'une ou l'autre des deux confréries principales : *On Leong Tong* ou *Hip Sing Tong*. Leur but est de faire survivre aussi longtemps que possible la hiérarchie aristocratique de l'ancienne société chinoise et d'en profiter autant que faire se peut. Ces businessmen vivent sans aucun scrupule du chômage qui sévit généralement à Chinatown. Sur le marché de la main-d'œuvre, l'offre est généralement dix ou vingt fois supérieure à la demande !

Echec aux syndicats

La plupart des employés, ouvriers et ouvrières, travaillent jusqu'à une douzaine d'heures par jour pour un salaire horaire très inférieur à celui de la moyenne générale. Ceux qui ne sont pas satisfaits de leur condition ou qui ne montrent pas suffisamment d'ardeur au travail sont immédiatement congédiés, sans préavis ni indemnité. Les Chinatowns de New York et d'ailleurs font partie des rares secteurs de la vie américaine à avoir résisté victorieusement à l'intrusion des plus puissants syndicats du monde, les unions.

C'est dans cette société fermée, dans ce ghetto sans espoir que, vers les années 60, se sont retrouvés plongés les jeunes Asiatiques qui émigrèrent en Amérique avec leurs parents. En atteignant l'âge de travailler, ils s'aperçurent qu'il n'y avait pas de travail pour eux sur la Terre promise, sinon des basses besognes récompensées par un salaire minable, sans aucune possibilité de sortir de leur condition. Beaucoup d'entre eux ne parlaient pas l'américain, ce qui les reléguait à perpétuité au balayage des rues et à l'enlèvement des ordures ménagères. Dans ces conditions, il n'est pas étonnant que les plus entreprenants, estimant qu'ils n'avaient rien à perdre, se soient tournés vers les rackets, dangereux peut-être, mais ô combien rémunérateurs.

A leurs débuts, ces jeunes bandes de gangsters avaient des prétentions modestes. Leurs chefs s'abouchèrent avec les Chinois qui tenaient des maisons de jeux illégales, lesquels les employèrent et les payèrent pour garder leur établissement, pour espionner les activités de la police et les prévenir d'éventuelles descentes. Ceci convenait parfaitement aux confréries chinoises établies. Lorsque les jeunes gangsters passèrent à l'extorsion de fonds directe chez les restaurateurs et les boutiquiers, les Tongs continuèrent à payer plutôt que de risquer des complications.

Les chefs de bandes devinrent ensuite de plus en plus hardis et insolents, entrant parfois dans les meilleurs magasins de Chinatown et en ressortant avec un costume de cinq cents dollars sans avoir eu la moindre idée de passer à la caisse... Plus tard, lorsque les jeunes gangsters jaunes s'approprièrent purement et simplement plusieurs des maisons de jeux appartenant aux Tongs, les chefs des sociétés secrètes ne purent que s'incliner et constater que Chinatown avait de nouveaux maîtres... dont quelques-uns disparurent toutefois aussi soudainement qu'ils étaient apparus. La police arrêta plusieurs fois quelques-uns des chefs des nouveaux gangs chinois, mais sans jamais pouvoir lancer une inculpation contre eux, faute de preuves et de témoignages, ou parce que les témoins devenaient soudainement muets...

OÙ EST PASSÉE LA MONNAIE DU PAPE ?

Le 25 septembre 1984, le mafioso sicilo-américain Michele Sindona, un homme qui aurait pu afficher à l'entrée de ses bureaux la prestigieuse enseigne : « Banquier de la mafia et du Vatican réunis », fut extrait du pénitencier d'Otisville, dans l'Etat de New York, où il avait à purger une peine de vingt-cinq ans de prison, condamné pour faillite frauduleuse et divers autres chefs d'inculpation. Il fut ensuite extradé en Italie, où la justice l'attendait aussi avec impatience. De Milan, Sindona fut transféré dans la prison italienne de Voghera. Il était accusé, entre autres peccadilles, d'avoir fait assassiner le syndic de faillite Giorgio Ambrosoli, de Milan, par un tueur de la mafia américaine du nom de William Arico, auquel il avait octroyé cinquante mille dollars d'honoraires. Le mafioso, dont le surnom évocateur était Big Billy l'Exterminateur, avait reconnu avoir effacé Ambrosoli et il avait témoigné contre Sindona devant les enquêteurs.

Dans le cours de son incarcération à Voghera,

Sindona laissa entendre à ses anges gardiens en uniforme que si les juges italiens se risquaient à le condamner sérieusement, il ferait en appel des révélations gênantes pour les plus hautes autorités italiennes. Peut-être même demanderait-il aussi à être entendu au fameux procès qui se déroulait au même moment à Palerme contre 474 mafiosi. Sindona avait retrouvé, disait-il, de gros dossiers secrets que l'on croyait perdus, et sur lesquels figuraient les noms des vrais coupables. Il savait naturellement que ses paroles seraient rapportées aux autorités judiciaires et il espérait que les juges préféreraient le faire taire en ne lui infligeant qu'une légère condamnation.

Un précédent historique

Michele Sindona avait mal raisonné. Il aurait dû savoir que pour qu'un homme puisse parler, il était indispensable qu'il soit en vie. Sicilien et mafioso lui-même, il aurait dû se souvenir du cas historique de Gaspare Pisciotta. Celui-ci avait trahi un des plus fameux bandits siciliens des temps modernes, son propre cousin et frère en mafia, Salvatore Giuliano, en l'attirant dans une embuscade tendue par les carabiniers, lesquels l'avaient abattu sans autre forme de procès. En 1954, Pisciotta se croyait en parfaite sécurité dans la prison de Palerme, d'où il espérait être libéré à brève échéance en récompense de sa collaboration avec les autorités. Un matin comme les autres, alors qu'il dégustait sa tasse de café du petit déjeuner, il tomba, mort, sur le carreau, avec dans le corps assez de strychnine pour empoisonner tous les rats, ou tous les traîtres, de la capitale sicilienne.

Sindona était lui aussi grand amateur de café. Devant ses juges italiens, les choses ne tournèrent pas comme il l'espérait. Le 18 mars 1986, ceux-ci le condamnèrent à l'emprisonnement à vie, ce qui, avec ses soixante-huit ans, signifiait qu'il y finirait vraisemblablement ses jours. Toutefois, n'ayant alors plus rien à perdre, il pouvait se permettre de se venger en mettant dans le bain les puissants personnages qui n'avaient rien fait pour le tirer d'affaire. Ceux-ci ne lui laissèrent même pas le temps de reprendre son souffle pour commencer à parler. Deux jours plus tard, le 20 mars 1986, Sindona se mit à table, son petit déjeuner devant lui, café noir *espresso*, flocons d'avoine et lait, à l'américaine, apporté dans sa cellule dans un panier-repas cadenassé et scellé sous les yeux du directeur de la prison en personne.

A la première gorgée, Michele Sindona s'écroula sur le sol, pas encore mort, toutefois. Il fut transporté à l'infirmerie de la prison, dans le coma, et il y décéda 53 heures plus tard, sans avoir repris connaissance. L'autopsie révéla qu'il avait 150 milligrammes de cyanure de potassium dans l'estomac, un net progrès technique sur le poison démodé qu'est aujourd'hui la strychnine. Les médecins légistes conclurent au suicide, mais personne ne put expliquer comment le prisonnier étroitement surveillé avait pu se procurer le poison. Personne probablement ne tenait non plus particulièrement à le savoir. Avec Sindona disparaissait l'un des plus gênants témoins et complices des opérations frauduleuses de l'*Instituto per le Opere di Religione* (Institut pour les Œuvres de Religion), plus connu à Rome et en Italie sous le nom de Banque du Vatican.

Un garçon d'avenir

Michele Sindona était natif de la petite ville sicilienne de Patti. Il avait été élevé chez les jésuites et avait fait des études de droit. Vers la fin de la Seconde Guerre mondiale, il avait débuté dans le business par le marché noir, sous les auspices et pour le compte de la mafia. Celle-ci, reconnaissant en lui un garçon d'avenir, lui fournit plus tard les capitaux nécessaires à la fondation de sa première banque. Muni d'une lettre de recommandation de l'archevêque de Palerme, Sindona s'était rendu à Milan, où il s'était lancé à la fois dans la haute finance et la haute politique : ce qui l'avait tout naturellement amené jusqu'à Rome, où la Banque du Vatican se trouvait avoir besoin d'un homme tel que lui pour investir secrètement ses capitaux et ceux de quelques bons amis de l'Eglise à l'étranger. Sindona avait effectivement financé diverses affaires industrielles avec la monnaie du pape, lequel s'était trouvé financer également des fabriques d'armements et de fusées et, pour comble de sacrilège, des laboratoires pharmaceutiques produisant des pilules anticonceptionnelles !

Avec la bénédiction et les recommandations du Vatican, Sindona réussit à se créer un empire financier à l'échelle mondiale, avec des ramifications aux USA, en Suisse et dans divers asiles financiers d'Amérique centrale. Il avait, au Vatican même, un excellent ami en la personne d'un certain Paul Casimir Marcinkus, curieusement né aux USA de parents lituaniens. Ledit Marcinkus était évêque titulaire de Chicago et, fonction beaucoup plus importante encore, directeur du fameux Institut pour les Œuvres de Religion, le P-DG de la Banque du Vatican, dans la pratique. Le statut d'Etat indépendant du Vatican permettait aux deux compères d'exporter des capitaux d'Italie en échappant aux contrôles auxquels sont soumises les banques italiennes.

En sens inverse, ce privilège permettait à Sindona de faire passer en Italie les millions de dollars du trafic de drogue de la mafia ; et de là, de les réinvestir, dûment blanchis au passage par le Saint-Siège, dans les banques internationales de Suisse, des USA et de divers autres pays. Si Jean-Paul II, dans sa simplicité béate, ignorait probablement sa complicité financière avec la mafia, son banquier Paul Marcinkus pouvait, lui, difficilement ne pas en être informé. Il arrivait après tout de Chicago, et ne débarquait pas d'un obscur patelin polonais comme un simple Jean-Paul Wojtyla. La Banque du Vatican était actionnaire de la Finabank de Genève pour 49 %, et Sindona détenait la plus grande partie du reste des actions.

« L'Eglise ne peut pas vivre que de prières »

... telle était la réponse que Marcinkus avait coutume de donner lorsque quelqu'un le questionnait au sujet de ses extraordinaires machinations financières. Ce qui est la sagesse même. Mais le résultat des investissements du Vatican dans le grand business international fut malheureusement déficitaire. Car, si Michele Sindona était un habile manipulateur, il se révéla être un désatreux spéculateur. Il avait investi d'énormes capitaux dans des valeurs pétrolières et dans des stocks d'argent en lingots. Il avait joué à la bourse sur le cours du dollar et perdu des dizaines de millions de dollars plus vite qu'il ne lui en rentrait du côté de la mafia américaine. Son passif atteignit de telles proportions qu'il dut s'enfuir aux USA pour échapper aux poursuites dont il était menacé en Italie.

A New York, Michele Sindona était encore directeur de la Franklin National Bank, dont il avait acquis le contrôle avec quarante millions de dollars importés illégalement, ce qui lui avait valu d'être flatteusement cité dans un article de *Time* comme « l'Italien qui avait eu le plus grand succès depuis Mussolini ». Sindona continua à spéculer désespérément avec les fonds de la banque, dans l'espoir de se sortir d'un pétrin où il s'enfonça au contraire de plus en plus, en y entraînant finalement la Franklin National Bank elle-même. Les autorités new-yorkaises s'en mêlèrent, et l'expert ès devises étrangères de Sindona, Carlo Bordoni, révéla tous ses agissements frauduleux, y compris ses transactions pour le compte de la mafia et du Vatican. A ces révélations, vinrent s'ajouter celles du syndic de faillite, Giorgio Ambrosoli, de Milan, et celles d'un haut fonctionnaire de la police de Palerme, Boris Giuliano.

Avant même que Sindona ait passé en jugement, Ambrosoli fut tué de quatre balles de revolver sur le seuil de sa maison, au numéro 1 de la Via Morozzo della Rocca. Dix jours plus tard, Boris Giuliano fut tué à coups de pistolet alors qu'il prenait son café du matin au bar Lux, la taverne de Palerme qu'il préférait. Comme on l'a dit, Michele Sindona fut condamné à vingt-cinq ans de prison, à New York. Son passif n'a jamais pu être calculé

avec certitude, mais il se chiffrait par centaines de millions de dollars, dont 80 millions aux dépens de la Banque du Vatican. Les tractations internationales de Sindona à travers deux continents et diverses îles d'Amérique centrale restent, et resteront toujours un imbroglio inextricable.

Un homme insaisissable

Le procureur général de Milan décida ce que personne avant lui n'avait jamais osé entreprendre : s'attaquer au Vatican lui-même. Il envoya à Marcinkus une citation à comparaître devant lui à Milan, dans le but de l'inculper pour fraude financière. L'évêque américain retourna la missive, sans l'avoir ouverte. Il est un homme insaisissable et inattaquable sur les quarante-quatre hectares de territoire souverain du Vatican autour de la place Saint-Pierre. Quant au pape Jean-Paul II, il ne se contenta pas de continuer à accorder son soutien à Marcinkus. Tout en le laissant à son poste de directeur de la Banque du Vatican, il fit de lui un archevêque et le gouverneur de la Cité du Vatican, un homme que tous les scandales laissent encore plus puissant qu'il ne l'a jamais été.

Le scandale Sindona n'a pas été le seul dans lequel ait trempé le prélat Marcinkus. En 1971, Sindona l'avait mis en relations d'affaires avec un autre financier italien du nom de Roberto Calvi. La Banque du Vatican en arriva à collaborer avec celui-ci dans des proportions plus importantes encore qu'avec Sindona, et avec en fin de compte un passif dépassant de beaucoup celui de la Banque de la mafia et du Vatican réunis. Le chiffre a été estimé à plus d'un milliard de dollars, avec 250 banques et des dizaines de milliers d'actionnaires et de déposants comme victimes. De la même manière que dans le cas de Sindona, les activités internationales de Calvi restent inextricables. Et, pas plus que Sindona, Calvi ne pourra venir en aide à la justice car, lui aussi, a été suicidé, dans des circonstances mystérieuses qui font l'objet du chapitre suivant.

LA MAFIA MAÇONNIQUE

Lorsque, au matin du 18 juin 1982, en se rendant à son travail, un messager du grand quotidien anglais *Daily Express* jeta un regard machinal sous le Blackfriars Bridge, à Londres, il put se croire transporté dans une histoire policière du regretté Sir Arthur Conan Doyle, avec Sherlock Holmes, Jack l'Eventreur et Scotland Yard à l'arrière-plan, dans le brouillard. Le quartier londonien des *Blackfriars* (les Frères noirs) est ainsi appelé parce qu'il s'y trouvait jadis plusieurs couvents de moines bénédictins. Ce n'est probablement pas pour cette raison que le pendu découvert par l'homme du *Daily Express* avait spécialement choisi ce pont-là pour se pendre. Mais la fin de sa vie avait été étroitement mêlée à la religion catholique romaine, dont les plus hautes autorités sont encore extrêmement embarrassées par son suicide... s'il s'est réellement suicidé et s'il n'a pas, en fait, été assassiné.

L'homme était suspendu au-dessous du pont par un nœud coulant d'une cordelette en nylon rouge attachée à un échafaudage, rasé de frais, ses jambes à moitié immergées dans l'eau boueuse de la Tamise. Dans ses poches de veste et de pantalon, les enquêteurs trouvèrent un passeport sur lequel le nom de Roberto Calvi avait été falsifié en Gian Roberto Calvini, ainsi qu'une somme équivalente à environ 150 000 francs lourds, en diverses devises fortes. Il avait aussi dans ses poches deux montres, des lunettes, et plusieurs kilos de pierres et de briques, dont le poids était apparemment destiné à rendre sa fin plus rapide... à moins que ces articles de maçonnerie n'aient eu une signification que nous allons évoquer un peu plus loin.

Les enquêteurs londoniens, dont inévitablement quelques limiers de Scotland Yard, calculèrent que si Calvi s'était vraiment suicidé, il s'y était pris d'une façon plutôt extraordinaire. Il lui avait fallu descendre, à l'aide d'une échelle de six mètres, pour atteindre l'échafaudage, puis se livrer ensuite à une gymnastique fort improbable pour un homme de soixante-deux ans, dont on apprit plus tard qu'il était hypertendu et sujet au vertige. Pour tout le monde en Italie, l'affaire était plus claire que l'eau de la Tamise : la mafia avait pendu le banquier, peut-être pour le compte des francs-maçons, d'où les pierres et les briques en signature. Les médecins légistes londoniens n'en conclurent pas moins au suicide. Les fameux limiers de Scotland Yard ne firent pas honneur à la réputation exagérée qui leur est habituellement faite... si tant est qu'ils fourrèrent réellement leur museau froid de chiens policiers dans la sordide affaire.

Poussée au suicide... ou poussée par la fenêtre ?

Roberto Calvi était l'ex-P-DG de la Banque Ambrosiano, de Milan, officiellement déclarée en faillite avec un passif de plus d'un milliard quatre cent millions de dollars. Il était inculpé d'exportation illégale de capitaux, en Italie, d'où il s'était enfui avec son passeport truqué, le 11 juin, se rendant d'abord en Autriche, puis de là en Angleterre. Il avait dans ses bagages une pleine serviette de dossiers, documents, listes de noms, dont la mafia et les francs-maçons n'étaient pas les seuls à vouloir l'empêcher de se servir. Il était recherché par la police, mais il avait les moyens de lui échapper, ce qu'il avait probablement l'intention de faire, étant donné la forte somme d'argent trouvée sur lui. En plus de celle-ci, il avait d'autres disponibilités dans des comptes ou des coffres de banques étrangères, comme on le verra plus loin. Si la police ne l'avait pas retrouvé, il avait en tout cas été retrouvé par quelqu'un d'autre, et le porte-documents révélateur avait naturellement disparu. Il contenait le genre de papiers que les Américains disent pittoresquement être de la dynamite.

Le 17 juin, le conseil d'administration de la Banque Ambrosiano avait démis Calvi de ses pouvoirs, et la Banque d'Italie avait nommé une commission de liquidation de la Banque Ambrosiano. Le même jour, la secrétaire de Calvi, Graziella Corrocher, s'était tuée en se jetant du quatrième étage du siège social de la banque, à Milan. La police conclut au suicide... mais certains n'en pensèrent pas moins qu'il n'était pas impossible que quelqu'un ait poussé l'infortunée Graziella, non pas au suicide, mais simplement par la fenêtre. Elle en savait très long, elle aussi, sur les activités de son *boss*, et elle aurait eu de nombreux noms à révéler. Personne n'a su s'il avait été informé de la fin tragique de sa secrétaire, ni si quelque rapport existait entre les deux suicides.

Le fils de Calvi, Carlo, trente-quatre ans à l'époque, était persuadé que son père avait été assassiné (il est aujourd'hui persuadé qu'il en a été de même de Sindona). Il rapporta que son père était resté en contact téléphonique avec sa famille au cours de sa fuite entre Rome et Londres. Plus significativement encore, un parlementaire italien, Franco de Cataldo, fit à l'époque, devant la Chambre des députés italienne, la déclaration suivante : « Il semble de plus en plus probable que Calvi ait été assassiné. » Cataldo était membre d'une commission parlementaire chargée d'enquêter sur les rapports financiers de Calvi avec la loge maçonnique P2 (Propaganda Due) et avec l'Instituto per le Opere di Religione déjà cité, lequel avait effectué d'importants investissements dans la Banque Ambrosiano, ce qui faisait que la Banque du Vatican était elle-même débitrice d'une importante part du passif de la Banque Ambrosiano. Après plusieurs années, rien n'a été publiquement révélé au sujet des éventuelles conclusions du député de Cataldo sur la ténébreuse affaire.

Les gardes suisses

Le célèbre Institut pour les Œuvres de Religion présentait pour Calvi un intérêt plus important encore que le simple apport financier. Il lui fournissait des lettres de références qui lui ouvraient tous les crédits auprès des grandes banques internationales, car personne ne mettait en doute la sainte recommandation du Vatican, dont le P-DG. Jean-Paul II est depuis lors terriblement gêné d'avoir distribué ses recommandations comme s'il s'était agi de vulgaires indulgences plénières. Les autorités italiennes demandèrent aux autorités papales de coopérer avec elles dans son enquête sur le fait que la Banque du Vatican avait laissé utiliser sa renommée par des aventuriers de la haute finance internationale. Le Vatican, se retranchant toujours derrière son statut d'Etat souverain, se refusa à coopérer avec la police italienne et déclara procéder à sa propre enquête sur les agissements de Marcinkus et Compagnie... ce qui fit rire doucement beaucoup de monde à Rome et en Italie. Le pape n'a, bien entendu, jamais soufflé la moindre bulle au sujet des éventuelles conclusions de cette enquête.

Tous les banquiers italiens protestent depuis longtemps contre les activités de la Banque du Vatican, une banque étrangère sise en plein cœur de la capitale. Il est de notoriété publique, à Rome, que la Banque du Vatican a permis à de gros financiers et capitalistes italiens d'exporter d'énormes capitaux en dehors de l'Italie, en Suisse naturellement, et aussi dans divers paradis fiscaux des Amériques, dans la plus totale, mais impunissable, illégalité, et avec la bénédiction du pape. Ce trafic se poursuit sans aucun doute encore aujourd'hui. Il serait naïf de supposer que les célèbres gardes suisses du pape ont, avec leurs hallebardes, mission d'empêcher les financiers italiens de franchir la frontière de l'Etat du Vatican pour aller confier leurs gros paquets d'argent liquide aux bons soins de Casimir Marcinkus et de ses complices.

Bien que ce Casimir n'ait probablement pas profité de ses relations avec des Calvi et Sindona pour se mettre un peu d'argent de côté dans les poches de sa soutane, si les soutanes ont des poches, les deux financiers italiens n'avaient pas manqué de mettre de fortes sommes d'argent (des autres) à l'abri. Ceci a ramené en scène un autre personnage machiavélique, du nom de Licio Gelli, le grand maître de la loge maçonnique italienne P2 dont Calvi et Sindona finançaient aussi les activités, avec le gracieux concours de la mafia. Gelli avait été inculpé de complot contre le gouvernement italien, mais s'était enfui en République argentine, où sa trace avait été perdue, et d'où il ne pouvait de toute façon pas être ramené, l'Italie et l'Argentine n'étant liées par aucun accord d'extradition. Mais, s'il n'avait pas de raisons de revenir de lui-même en Italie, le grand maître en avait une pour retourner en Suisse.

Le tango argentin

Vers la fin de 1982, Licio Gelli débarqua à Genève avec un faux passeport, déguisé en Argentin de cinéma. Il avait beaucoup maigri et n'avait plus les cheveux argentés et l'allure générale d'expert-comptable qui avait été la sienne. Il arrivait avec des cheveux de jais, une moustache noire agressive, un teint olivâtre, le tout entièrement artificiel, espérant presque passer pour un danseur de tango professionnel. Mais les citoyens soupçonneux et perspicaces que sont les banquiers suisses le reconnurent quand même lorsqu'il se présenta aux guichets d'une filiale de la Société de Banque Suisse, pour y retirer cent vingt millions de dollars de plusieurs comptes numérotés, retrait à fendre le cœur de pierre de n'importe quel banquier helvétique. Les fonds avaient été déposés par Calvi ; les comptes étaient en réalité bloqués. La police fut avertie, et Licio Gelli arrêté. Malheureusement pour le faux Argentin, la Suisse avait des accords d'extradition avec l'Italie.

Gelli fut incarcéré, en détention préventive. L'Italie le recherchait toujours, sous diverses inculpations. Mais, tandis que les autorités des deux pays discutaient des modalités de son extradition et de son transfert à Rome, le grand maître de la Loge P2 disparut, une nuit, de la prison de Champ Dollon, en dépit des serrures, des épaisses murailles, des barreaux aux fenêtres, des fils de fer barbelés, des projecteurs, des zones interdites et des gardiens en ronde vingt-quatre heures sur vingt-quatre. Licio Gelli s'envola vers une destination inconnue.

D'après une déclaration des autorités genevoises dont personne n'a cru un mot, ni en Suisse, ni en Italie, Gelli se serait évadé avec la complicité d'un des gardiens de la prison. Il est facile de comprendre que le grand maître de la loge Propaganda Due ne tenait pas du tout à aller déguster son café du matin dans une prison italienne. Il est un homme qui en sait tout aussi long que les deux précédents suicidés, Calvi et Sindona. Un citoyen qui, avec la mafia et les francs-maçons à ses trousses, aurait certainement du mal à trouver où que ce soit une compagnie d'assurances qui accepterait de lui souscrire une police d'assurance sur la vie. Est-ce pour cette raison que Gelli se constitua prisonnier auprès des autorités judiciaires de Genève en décembre 1987 ? Toujours est-il qu'il a été extradé vers l'Italie le 17 février 1988 où il fait l'objet de diverses poursuites. Moins de deux mois après, le 12 avril, il était cependant remis en liberté provisoire pour raisons de santé...

JUSTICE ET POLITIQUE

L'homme qui a connu récemment la plus grande popularité à New York est un Italo-Américain auquel ses compatriotes ont donné plusieurs surnoms éloquents comme le Vengeur et le Justicier. Le personnage en question a aussi été surnommé the *Mafia Hunter Number One*, le Chasseur de mafiosi numéro un, ce qui lui convient plus justement, car la vengeance et la justice ne sont pas ses seuls motifs en l'affaire.

Ecrivant à son sujet, le journaliste new-yorkais Garland Herman a précisé, entre autres choses : « Giuliani fait un excès de zèle extraordinaire, parce qu'il désire être le successeur du gouverneur de l'Etat de New York, Mario Cuomo. Un procureur fédéral devrait travailler discrètement, résoudre des affaires criminelles, et ne pas se montrer aussi avide de publicité. » Ledit Giuliani a peut-être même des ambitions plus grandioses encore, car la fonction de gouverneur de l'Etat de New York est considéré comme un des meilleurs échelons d'une carrière politique pouvant aboutir à celui de président des Etats-Unis.

Beaucoup estiment, à New York et aux USA, que Giuliani a trop souvent fait son apparition à la télévision aux heures de grande audience, avec à ses pieds une blanche petite montagne de cocaïne juste saisie, ou avec une panoplie de menaçantes armes de gangsters récemment confisquées, ou encore avec une grande valise ouverte et pleine de grosses liasses de billets de banque récupérées par la police. Giuliani affectionne aussi beaucoup, tout vêtu de cuir noir et avec des lunettes noires, de rouler à toute vitesse jusqu'aux hauteurs de Washington new-yorkaises dans une voiture de police, et y procéder à l'arrestation d'un trafiquant de drogue... en laissant aux photographes de presse tout le temps nécessaire pour filmer la scène à l'intention de la première page du *New York Times*.

L'argument électoral

Cette recherche de publicité par un magistrat qui paraîtrait totalement incongrue en France n'a en réalité rien d'extraordinaire aux USA, dont elle révèle un des aspects essentiels du système judiciaire américain. Le procureur Giuliani est un homme politique, comme tous les magistrats des Etats-Unis qui sont élus et non nommés, comme en France (les cours suprêmes font exception, mais même dans leur cas, les hommes au pouvoir nomment des personnalités importantes de leur propre parti). Giuliani a besoin des votes des électeurs pour conserver son poste et pour en atteindre un plus élevé, si possible. Lutter, ou faire semblant de lutter, contre ce que les Américains appellent le crime organisé est un argument qui s'est toujours révélé électoralement productif, bien que ce fameux crime organisé n'ait jamais disparu des USA que pour y réapparaître sous une autre forme.

Cela dit, le procureur Giuliani n'en a pas moins obtenu un succès sans précédent dans sa lutte contre la mafia. Il a réussi à faire incarcérer et passer en jugement plus de mafiosi qu'il n'en a jamais été arrêté et jugé à la fois dans le cours de l'histoire de la mafia. « Son bilan de succès se lit comme le compte rendu de travail d'un bourreau », a écrit à son sujet le journal *Manhattan Inc.*, en exagérant considérablement les choses. Il serait plus exact de parler de tableau de chasse, pour le moment, et de remarquer que les principales pièces de gibier de ce tableau sont des mafiosi sexagénaires ou septuagénaires, c'est-à-dire des survivants d'une époque révolue de l'Honorata Societa, laquelle continuera sans aucun doute à survivre sans eux, quoi qu'en dise *Manhattan Inc.*

Le district attorney (procureur de district) Rudolph W. Giuliani est né en 1944, à Brooklyn, l'un des cinq *boroughs* de New York. Son père y tenait un petit restaurant italien. D'après un ami de la famille, Harold Giuliani souffrait de préjugés contre ceux de son origine et il détestait les mafiosi parce qu'ils portaient tort à la réputation des Italiens honnêtes et respectables. Lorsque son fils commença ses études de droit, le papa Giuliani consulta la liste des procureurs fédéraux des USA, constata qu'elle ne comportait que très peu de noms italiens et donna un ordre énergique à son fils, celui d'y ajouter le sien.

Le RICO Act, une loi ressuscitée

En 1970, Rudolph Giuliani débuta comme assistant-procureur dans le district de Manhattan, et ne tarda pas à être l'objet des sarcasmes de collègues moins chanceux. Giuliani avait le flair pour les cas importants capables d'apporter beaucoup de publicité. Il passa bientôt au troisième plus haut rang dans le district et plaida comme avocat général dans plusieurs procès spectaculaires de gangsters. En 1975, le dynamique procureur quitta politiquement le Parti démocrate et passa au rang des républicains alors au pouvoir, lesquels lui avaient offert un important appointement au ministère de la Justice. « Les républicains faisaient plus de sens pour moi », expliqua-t-il brièvement à propos de son changement de parti.

La grande heure de la carrière de Giuliani sonna en 1983 lorsque le chef du bureau des procureurs de Manhattan déclara une guerre sans merci à la mafia. Avec plus d'ardeur que n'importe qui avant lui, Giuliani ressortit des poussiéreuses archives judiciaires new-yorkaises une loi promulguée en 1970 et restée totalement oubliée depuis lors : *Racketeer-Influenced-and-Corrupt-Organizations-Act.* Cette désignation, qu'il est heureusement inutile de traduire en français, est aujourd'hui abrégée en RICO Act. Cet acte permet de traduire en justice non seulement les responsables directs et individuels des crimes, mais encore, et surtout, les tireurs de ficelle de la hiérarchie supérieure des organisations criminelles sans qu'ils aient personnellement pris part aux actes illégaux incriminés. Il suffit qu'ils aient organisé ou illégaux incriminés. Il suffit qu'ils aient organisé ou financé le gangstérisme, ou qu'ils en aient simplement tiré profit.

La police électronique

Il n'y avait là rien de bien nouveau. Il existait déjà suffisamment de lois américaines contre le crime organisé, si quelqu'un avait réussi à les faire appliquer. Un des politiciens qui s'étaient particulièrement acharnés à essayer de les mettre en application, sans résultat appréciable, était Robert Kennedy, alors qu'il était attorney général des USA. Le but de Robert Kennedy était naturellement politique. Il espérait succéder à son grand frère John à la présidence des Etats-Unis.

Alors qu'auparavant, seuls avaient été arrêtés et condamnés les obscurs soldati de la mafia, les humbles sous-ordres pris en flagrant délit d'encaissement d'argent de la protection dans une pizzeria, ou d'exécution de quelque autre basse besogne, le RICO Act permettait d'arrêter les grands capi, les chefs de famille de la mafia, sur simple suspicion d'avoir profité du crime organisé. Giuliani s'était acquis la collaboration des sbires du Federal Bureau of Investigation et des cops de la police new-yorkaise. Une équipe qui recueillit tout un ensemble de preuves, sous la forme de transcriptions de plusieurs milliers d'enregistrements sur bande magnétique, de conversations tenues par les clients auxquels ils s'attaquaient. Des spécialistes du FBI et de la police de l'Etat de New York (une organisation différente de la police de New York City) réussirent à installer des microphones dans les villas, les bureaux, et même les automobiles des grands chefs de la mafia.

L'un des programmes de révélations les plus importants leur fut fourni par le propriétaire d'une limousine Jaguar de grand luxe[1]. Cet amateur d'automobiles anglaises était manifestement un grand bavard.

Lors de ses déplacements entre Manhattan et sa propriété de Long Island, dans la banlieue new-yorkaise, il parlait abondamment de ses affaires avec son chauffeur, ses gardes du corps, ou avec les amis qu'il emmenait avec lui en Jaguar. D'après la police, il était fréquemment question d'une Commission, supposée être le Conseil suprême de la mafia, dans lequel les parrains des grandes familles avaient chacun leur fauteuil et leur vote dans toutes les décisions. La Commission devait statuer en dernier recours sur ce qui concernait les différends internes, les transactions importantes, l'élimination des traîtres ou des ennemis. Le Grand Conseil de la mafia aurait été créé en 1931, avec Vicente Mangano comme président, poste qu'il aurait conservé pendant une vingtaine d'années, au bout desquelles il disparut sans laisser de trace.

1. Pour les gangsters américains, et pour les Américains en général, rouler en Cadillac est considéré comme extrêmement vulgaire. Un chef d'entreprise, légale ou illégale, qui se respecte, ne peut décemment se déplacer que dans une limousine d'importation européenne, avec chauffeur, naturellement.

Les parrains cardiaques

Que ces révélations fussent en réalité de l'histoire ancienne n'empêcha pas le procureur Giuliani de ressortir du passé, devant le tribunal new-yorkais de Manhattan-Sud, des noms tels que ceux de Lucky Luciano, Vito Genovese, Alberto Anastasia et Carlo Gambino, personnages historiques malheureusement décédés. Quant aux mafiosi qu'il réussit à traîner devant la justice, ils ont presque tous dépassé soixante ou soixante-dix ans et appartiennent pratiquement au passé. Presque tous se plaignent d'affections cardiaques, certificats médicaux à l'appui dont leurs avocats ne manqueront pas de faire bon usage. Mais parmi les clients de Giuliani, existait un inculpé plus âgé encore, un gentleman de quatre-vingts ans, du nom de Joseph Bonanno, auquel l'ambitieux procureur posa devant le tribunal la question suivante :

« Est-il exact que vous êtes, depuis 1933, membre et président du Grand Conseil de la mafia ? » Giuliani ne reçut pas de réponse à cette question stupide. Comme l'indique son âge, Joseph Bonanno, jadis surnommé Joe Bananas par les initiés, est l'un des rares survivants de l'époque héroïque de la mafia. Si sa santé le lui permet, il survivra probablement encore à l'attaque politique de Giuliani. Il en a largement les moyens financiers. Bonanno est multimillionnaire, en dollars, et est à la tête d'importantes entreprises familiales, comprenant des usines de textiles, des fabriques de pâtes alimentaires, des chaînes de blanchisserie et d'entreprises de pompes funèbres, des banques, des casinos à Las Vegas et Atlantic City. Un puissant trust qui révèle la façon dont la mafia, à laquelle Bonanno n'a jamais reconnu avoir appartenu, a reconverti ses énormes capitaux illicites dans des entreprises parfaitement légales, peut-être encore plus profitables que les entreprises illicites qui en ont permis le financement. Actuellement, les deux termes, mafia et crime organisé, sont devenus synonymes, mais il n'existe plus d'organisation criminelle étendant son réseau sur l'ensemble de l'Union, ce qui était le cas à la belle époque mafiosique d'il y a environ un demi-siècle.

Chaise roulante et nitroglycérine

Lorsqu'il fut cité à comparaître devant le tribunal de Manhattan, Joe Bonanno s'y présenta dans une chaise roulante, avec des lunettes à verres épais comme des fonds de carafe, et à la main une béquille dont il frappait le sol pour souligner ses paroles. Interrogé sur son appartenance au Grand Conseil de la mafia, il dit qu'il était trop malade pour pouvoir répondre à cette question et que ses médecins lui avaient recommandé de ne rien dire à ce sujet, l'excitation pouvant lui être fatale. Plus tard, Giuliani brandit un livre intitulé : « *Un homme d'honneur* (...) *l'autobiographie du chef des chefs* (...) *seul le Parrain sait où les cadavres sont ensevelis* (...) » (*sic*) Nom de l'auteur : Joseph Bonanno. Puis un des juges posa la question : « S'agit-il de vos Mémoires, Mister Bonanno ? »

L'homme dans la chaise roulante eut un violent halètement, pressa la main contre son cœur, puis demanda d'une voix faible : « Votre honneur, puis-je avoir un comprimé de nitroglycérine ? » Immédiatement, les deux médecins, deux des *sawbones*, scieurs d'os, le surnom américain des docteurs en médecine, les plus largement payés de toute l'histoire médicale américaine, qui assistaient Bonanno se précipitèrent et administrèrent, théâtralement, le médicament à leur client. Après une longue interruption des débats, l'un des juges commenta :

« Mister Bonanno, je crois que vous éludez votre devoir de témoin, d'une façon arrogante et préméditée... » Ce à quoi Bonanno répondit, d'une voix apparemment renforcée par la nitroglycérine : « Votre honneur, je crois en Dieu et en mes médecins. » Sur quoi le juge inculpa Bonanno de *contempt of court* (mépris du tribunal, outrage à magistrats), et le condamna à une incarcération de durée imprécisée. Cette durée fut d'exactement trois heures, au bout desquelles ses médecins et ses avocats firent transférer Bonanno dans une clinique de luxe privée, de laquelle il ne tarda pas à regagner la splendide propriété de Tucson, Arizona, dans laquelle il a pris une retraite des plus dorées.

Calme et détente

En comparaison avec les célèbres procès de Palerme, qui se déroulaient à la même époque, ceux de New York avaient un caractère presque idyllique. Aucun char d'assaut ni fourgon blindé à la porte du tribunal. Aucun inculpé enchaîné ni enfermé dans une cage. Les juges et les procureurs, contrairement à ce qu'il en était pour leurs collègues italiens, continuaient à mener une vie relativement normale. Même le procureur Giuliani, « l'homme que les gangsters ont le plus de raisons de haïr », d'après le journal *US News and World Report*, restait parfaitement calme et détendu. « Lorsqu'un de mes collaborateurs est menacé, disait-il, nous lui assurons une protection spéciale pour un certain temps. Quant à moi, je ne change rien à mes habitudes journalières, mais je ne perds de toute façon pas trop de temps à penser à notre sécurité personnelle. Il n'est pas de tradition, dans la mafia américaine, de tuer des procureurs, des juges ou des policiers. » De son côté, la mafia américaine semble avoir adopté la politique d'éviter une guerre ouverte contre l'Etat. Le meurtre d'un représentant de la loi pourrait facilement déclencher une *overreaction*, une réaction dépassant son effet.

A l'inverse du procureur Giuliani, le lieutenant de police Franceschini préfère prendre des précautions. Il est le chef de la section spéciale de la police de New York en charge des investigations concernant les cinq familles de la mafia new-yorkaise[1].

Le lieutenant Franceschini, tout d'abord, ne se sépare jamais de son pistolet automatique Smith & Wesson 38 (9,5 mm), suspendu dans un *holster* (étui) d'épaule, sous ses impeccables complets de type *conservative*, comme disent les Américains, des vêtements sobres et corrects.

1. Lesquelles sont en réalité six, car il y a lieu de compter aussi celle du New Jersey. Le territoire de celle-ci se trouve de l'autre côté du fleuve Hudson, mais cette région du New Jersey est en réalité une proche banlieue new-yorkaise. La famille mafiosique du New Jersey collabore avec celles de New York, et opère elle-même, la plupart du temps, dans New York City.

Jogging à Central Park

La porte d'entrée ornée de la plaque *District Attorney's Detective Squad for Organized Crime*, au rez-de-chaussée du bâtiment, est en acier blindé à l'épreuve des bombes. Franceschini la franchit pour retrouver dans ses bureaux modestement meublés une douzaine de policemen armés comme lui-même en permanence. Il y retrouve aussi trois policières, non armées ; le port d'un harnais d'épaule chargé d'un lourd pistolet automatique s'adapterait certainement très mal à certaine zone pectorale de l'anatomie féminine. Ce sont en réalité des secrétaires. Remo Franceschini est né en 1932 et compte plus de trente ans de service dans la police new-yorkaise. Dans le cours de sa carrière, il a passé personnellement les menottes aux poignets d'une cinquantaine de mafiosi... pour voir ensuite la plupart d'entre eux remis en liberté grâce aux bons soins de leurs coûteux avocats et aux inextricables complications des codes de la justice criminelle américaine.

D'après la rumeur new-yorkaise, le nom de Franceschini figurerait parmi les tout premiers d'une liste d'hommes à abattre de la mafia. Son commentaire à ce sujet était le même que celui de son compatriote Giuliani. « Ici, nous ne sommes pas à Palerme, où des policiers, des procureurs et des juges ont été tués. » Mais il reconnaît cependant que deux attentats ont pu constituer un avertissement significatif. Une bombe incendiaire détruisit la voiture du procureur d'Etat Santucci, son supérieur direct (la police new-yorkaise semble compter autant de noms italiens que n'en compte la mafia elle-même !). Une autre bombe incendiaire fut lancée, de nuit, à travers une des fenêtres d'une pièce adjacente au bureau des détectives, pièce où se trouvent des archives contenant des centaines d'actes et rapports d'investigation sur la mafia. S'il est armé lui-même en permanence, le *Chief of Police* Franceschini n'a pas de gardes du corps ; il fait tous les jours quelques milles de jogging dans Central Park en compagnie de son épouse.

UN PARRAIN IMMORTEL...

Les Américains n'ont pas d'académiciens mais les seuls personnages auxquels ils aient jusqu'à maintenant décerné le titre d'immortels sont les grands champions de base-ball. La photo de ceux-ci, avec leurs battes, gants de base-ball et autres souvenirs personnels sont pieusement conservés dans un édifice qui fut spécialement érigé à cet effet : le *Baseball Hall of Fame* (Hall de la Célébrité du base-ball), à Cooperstown, dans l'Etat de New York, sanctuaire beaucoup plus connu et visité aux USA que ne l'est en France celui qui abrite les travaux somnolents de nos célébrités en habit vert.

Un autre sanctuaire américain, beaucoup moins visité, se trouve dans la capitale fédérale et s'appelle la National Portrait Gallery, la galerie où sont exposés les portraits des grands hommes de l'Histoire des Etats-Unis d'Amérique. C'est dans celle-ci que le portrait d'un grand parrain de la mafia de New York, John Gotti, est allé rejoindre ceux de George Washington, Abraham Lincoln, Davy Crockett et autres immortels de l'Histoire des USA. Le portrait de Gotti y est entré, il est vrai, à titre d'œuvre d'art :

il s'agit d'un tableau peint par l'artiste pop américain Andy Warhol, exécuté pour le compte du magazine *Time*, dont Gotti eut le rare honneur d'occuper toute la page de couverture du numéro de septembre 1986.

John Gotti était considéré, à la fin de cette année 1986, comme le plus important des cinq chefs de famille de la mafia new-yorkaise, capo de la famille Gambino, et apparemment en situation dominante sur les quatre autres. John Gotti est né en 1940 dans le quartier new-yorkais du Bronx, jadis célèbre pour être le siège social de Murders, Incorporated. Son nom fit son apparition en 1959 sur les registres de la police, à la suite de la saisie d'une maison de jeux d'argent illégale. En 1967, il fut envoyé en prison pour trois ans, pour vol d'un plein camion de marchandises enlevées des entrepôts d'un des aéroports de New York. En 1970, il prit la gérance du Bergen Hunt and Fishing Club (un club de chasse et de pêche) d'Ozone Park. En réalité un club de jeux illégal et un rendez-vous de gangsters et de mafiosi de la famille Gambino du moment.

Des racines lointaines

En 1972, Gotti devint lui-même un soldat de la famille Gambino et un ami d'Aniello Dellacroce, le *sotocapo*, ou premier lieutenant de Carlo Gambino. Le 22 mai 1973, un gangster du nom de James MacBratney fut assassiné au Snoopy's Bar, dans le quartier de Staten Island, un acte de vengeance du clan Gambino : MacBratney sous contrat d'un clan ennemi avait tué un neveu de Carlo Gambino. Les assassins de MacBratney échappèrent aux recherches, mais Gotti fut reconnu par des témoins comme les ayant couverts dans leur fuite. Il fut condamné à quatre ans de prison pour complicité d'assassinat. A sa libération, en 1977, il reprit la direction du faux club de chasse et de pêche, et sa carrière de gangster fit un rapide bon en avant.

De simple auxiliaire de la famille Gambino, Gotti en arriva bientôt à présider les réunions du clan dans le quartier de Queens. Puis il devint propriétaire d'une discothèque, d'un casino illégal avec des recettes de l'ordre de plus de cent mille dollars chaque nuit. Le 25 janvier 1979, lors d'une cérémonie mafiosique traditionnelle, John Gotti fut officiellement intronisé membre de la famille Gambino, et il ne tarda pas à en devenir le capo. A ce moment, d'après l'estimation de la police, le clan comptait 500 membres et plusieurs milliers de collaborateurs.

Les racines de l'arbre généalogique de la famille remontent jusqu'au début de ce siècle, c'est-à-dire jusqu'au célèbre Giuseppe Masseria, un émigré napolitain qui avait fondé dans sa nouvelle patrie une Honorata Societa à l'ancienne mode : une sorte d'amicale de protection des pauvres émigrants qui était devenue, en peu d'années comme il en avait été en Sicile, un syndicat de gangsters organisé. Avec Masseria, surnommé en son temps Joe the Boss, avait commencé la lutte pour le pouvoir qui est restée une tradition dans la famille. Masseria mourut en 1931 sous les balles d'un assassin. Son successeur, Philip Mangano, fut tué en 1951 par Albert Anastasia. Ce dernier, un des chefs de Murders, Inc., fut assassiné chez son coiffeur, dans Manhattan, comme on l'a vu.

Le suivant de ces messieurs...

... fut Carlo Gambino, qui avait envoyé les tueurs chez le coiffeur. Le petit parrain d'aspect insignifiant qu'il était réussit à faire la paix avec ses confrères des quatre autres grandes familles de New York, et décéda paisiblement, d'une crise cardiaque, en 1976. L'héritage de Gambino fut repris par Paul Castellano, un multimillionnaire du commerce de la viande, des saucisses et de la volaille. Castellano vivait dans une somptueuse demeure surnommée *the Little White House*, parce qu'elle avait été construite sur le plan de la Maison-Blanche de Washington. John Gotti, qui était devenu l'homme de confiance du sotocapo Aniello Dellacroce, considérait le nouveau parrain comme trop faible, manquant de la poigne indispensable pour tenir en main une importante tribu mafiosique.

Gotti était devenu aussi une sorte d'éminence grise dans le clan Gambino. Il roulait maintenant dans une énorme limousine Ford Lincoln noire, aux vitres foncées, du même modèle allongé que celui qu'on utilise à Washington pour les hommes d'Etat étrangers en visite officielle. La fermeture générale des portières du carrosse était commandée par une serrure à combinaison codée sur la date de naissance de John Gotti. L'équipement intérieur comprenait un compartiment secret pour son pistolet automatique. L'immense corbillard rentrait difficilement dans le garage de sa confortable villa du borough de Queens, où il menait une vie de famille calme et harmonieuse avec son épouse Victoria et leurs cinq enfants. En 1980, son fils de douze ans, Frank Gotti, roulant à bicyclette, fut tué accidentellement dans une collision avec une automobile. En 1983, le mariage de sa fille, Angel, fut une brillante démonstration de la puissance de Gotti... deux mille personnes y assistèrent, dont les principaux chefs des autres familles de la mafia de New York.

Entre-temps, la police new-yorkaise poursuivait son enquête sur les cinq grands clans de la mafia, sous le commandement du lieutenant Remo Franceschini, un Italo-Américain comme le procureur Giuliani, et chef du Bureau des détectives de Queens. Ses inspecteurs ne perdaient naturellement pas John Gotti de vue, ni surtout d'audition. Ses communications téléphoniques étaient écoutées et enregistrées. Des microphones avaient été secrètement installés, tout à fait illégalement, dans les bureaux de son quartier général au Bergen Hunt and Fishing Club. Les policiers avaient réussi à recruter un espion opérant au sein même du gang Gambino : un soldat du nom de Dominick Lofaro, trafiquant d'héroïne qu'ils avaient arrêté et auquel ils avaient promis l'impunité en échange de ses bons et déloyaux services.

La génération montante

De même que Gotti, Castellano et Dellacroce, les chefs des quatre autres familles de la mafia new-yorkaise étaient soumis à un intensif espionnage électronique. La police obtint ainsi des centaines de cassettes qui révélaient la façon dont les mafiosi conduisaient leur business de trafic de drogue et d'extorsion de fonds, comment ils contrôlaient les syndicats professionnels, achetaient les hommes politiques et discutaient éventuellement de leurs meurtres en instance. Au printemps 1985, les parrains des cinq familles de la mafia de New York furent incarcérés, en même temps que quelques douzaines de leurs subordonnés. Gotti et Castellano furent remis en liberté provisoire, sous caution respectivement d'un million et deux millions de dollars, ce qui donne une idée des moyens financiers dont ils disposent. Ils devaient être par la suite réincarcérés, puis ils passèrent en jugement, comme on vient de le voir. Les débats se poursuivaient au moment où s'écrivaient ces lignes, et il est probable qu'ils se poursuivront encore pendant des années.

Paul Castellano était âgé de soixante-dix ans et son incarcération en avait fait un homme fini, moralement et physiquement. Le haut commandement de la famille Gambino était destiné à passer à une nouvelle génération. Deux hommes étaient en concurrence dans la lutte pour le pouvoir : John Gotti, 46 ans, soutenu par le sotocapo Dellacroce ; Thomas Bilotti, 45 ans, chauffeur et homme de confiance du vieux parrain Castellano. Le 2 décembre 1985, le partisan de Gotti, Aniello Dellacroce, mourut du cancer. Castellano, le parrain fatigué, nomma Thomas Bilotti son nouveau sotocapo et, de ce fait, prince de la couronne. Le 16 décembre, à cinq heures et demie du soir, deux gunmen tuèrent Castellano et Bilotti devant la Sparks Steak House, à Manhattan. John Gotti restait le dernier survivant des quatre grands.

Trois jours après le double assassinat, la police apprit qu'une majorité des chefs de la famille Gambino en avait élu Gotti le chef suprême, le *capo di tutti capi*. Lors de la fête de Noël, Gotti présenta son sotocapo aux pieux célébrants qu'étaient les mafiosi du clan : un certain Frank De Cicco, 51 ans, qui ne devint pas beaucoup plus vieux. Le 12 avril 1986 en effet, une bombe le réduisit en miettes, avec sa Buick dans un parking du quartier de Brooklyn. L'attentat avait été manifestement exécuté en représailles du double assassinat de Manhattan. Une guerre des gangs menaçait de se déchaîner dans New York. Un personnage insignifiant et anodin, un modeste magistrat du nom d'Eugene H. Nickerson, arrêta le massacre... tout au moins sur le moment. Il décréta que Gotti n'avait pas respecté les conditions de sa mise en liberté provisoire sous caution et il le fit réincarcérer, avec l'attendu suivant : « a continué ses activités dans le crime organisé et a, entre-temps, accédé à la position de chef de la famille Gambino ».

LA VICTOIRE (?) DU FBI

C'est à la fin de l'an 1986, que le célèbre Federal Bureau of Investigation de Washington a connu l'un de ses plus grands succès dans sa lutte contre la mafia. Les *Feds* avaient finalement réussi à mettre sous les verrous tout le Conseil d'administration des cinq familles new-yorkaises de la mafia (Gambino, Genovese, Colombo, Lucchese, Bonanno). Toute une série de condamnations furent prononcées, sous les inculpations de racketeering, meurtre, extorsion, usure, et une vingtaine d'autres charges accessoires, contre huit des mafiosi les plus importants du moment. Les condamnations dans le procès de la Commission de la mafia devant la Cour de justice fédérale de Manhattan, présidée par le juge Richard Owen, ont été le dernier acte d'un drame judiciaire, qui a pratiquement conduit sous les verrous le directorat général de la mafia américaine. Dans les années précédentes, des jugements rendus à La Nouvelle-Orléans, Chicago, Kansas City, Philadelphie et autres grandes cités, se sont achevés par des douzaines d'autres condamnations. « Le crime organisé “ traditionnel ” ne sera plus jamais le même », déclara à ce sujet le Directeur du FBI, William Webster.

Le mot « traditionnel » est un important qualificatif en l’occurrence, parce que les gangs siciliens à l’ancienne mode se sont trouvés concurrencés par des chefs de bande d’origines latine, mexicaine et portoricaine principalement ; des gangs asiatiques, et même des gangs de motocyclistes d’origines variées. Mais la mafia n’est nullement en faillite, ni même contrainte à se retirer des affaires. Ses chefs ont fait ces dernières années de lourds investissements financiers dans le business légitime, se créant d’importants avoirs dans des compagnies de conserve de viande, de propriétés immobilières, de camionnage et de collecte des ordures ménagères. D’après le FBI, la part du marché général new-yorkais aux mains de la mafia est si vaste que lorsque les services secrets transférèrent leur quartier général de New York dans un nouveau building, ils engagèrent pour ce faire une entreprise de déménagement dont ils apprirent plus tard qu’elle appartenait à la mafia. Toujours parfaitement au courant des progrès de la technique moderne, la mafia américaine s’est créé une fructueuse spécialité, celle de l’évacuation illégale des déchets toxiques et radio-actifs.

Les traditions se perdent...

La série de condamnations a cependant porté. Jamais auparavant les chefs des cinq principales familles de la mafia new-yorkaise, et la plus grande partie de leurs lieutenants, le cerveau, l’organe central de la mafia américaine, n’avaient été incarcérés en même temps. « Si j'étais le grand chef de la mafia, déclara James D. Harmon, l'ex-directeur exécutif de la Commission présidentielle contre le crime organisé, je me demanderais comment exercer le commandement de la famille en mon absence, alors que l'homme qui est mon bras droit se trouve en prison avec moi ». La puissance de la mafia avait déjà été sapée par un relâchement de ses traditions. La plupart de ses membres actuels semblent être moins liés par les lois tribales qu'avaient promulguées les dons. Plusieurs des quatre-vingt témoins à charge du procès de New York étaient des *insiders*, des mafiosi eux-mêmes, et l'un d'eux n'était rien de moins que le capo en titre de la famille de Cleveland. C'était un coup terrible porté à l'*omerta*.

Par ailleurs, la Cosa Nostra a vu son *turf* jadis exclusif envahi par toute une armée de nouveaux groupements criminels en gestation. Parmi cette concurrence, figure entre autres la famille mexicaine des Herreras, avec plus de six mille membres, spécialisée dans l'importation de l'héroïne aux Etats-Unis. A celle-ci, s'ajoutent les quelque deux cents gangs criminels colombiens, trafiquants de cocaïne et un bon nombre de tongs asiatiques, dont les membres sont principalement originaires de Hong Kong et de Formose. On dit que les Asiatiques contrôlent jusqu'à 20 % du total du trafic de l'héroïne aux USA. Mais les rivaux les plus inattendus de la mafia sont peut-être les quatre gangs de motocyclistes groupant plusieurs milliers de membres : Hell's Angels, Bandidos, Outlaws, Pagans (Anges de l'Enfer, Bandits, Hors-la-Loi, Païens), dont le principal trafic est celui des stimulants tels que les amphétamines (*speed*, vitesse dans leur argot). Les

Anges de l'Enfer sont également réputés louer leurs services dans les *contract killing's* (assassinats sous contrat), d'après le Federal Bureau of Investigation.

L'intelligence artificielle

Le FBI entre aujourd'hui en lutte contre le crime organisé avec de nouvelles armes. La surveillance électronique, qui a produit cent cinquante audio et vidéo-enregistrements présentés au procès de la Commission de la mafia, a été d'une énorme utilité pour les enquêteurs. Le Federal Bureau of Investigation a mis au point un Organized Crime Information System, l'OCIS, qui peut suivre des individus à la trace, détecter des organisations, et collecter toutes autres informations détaillées. Bientôt, l'OCIS sera connecté à un super-ordinateur, le Big Floyd, lequel utilisera l'intelligence artificielle pour assister les investigateurs. « Avec ces nouveaux gangs plus féroces encore prenant la place des vieux gangs familiers, les Feds auront besoin de Big Floyd et de toutes les sortes d'assistance qu'ils pourront acquérir », a récemment dit un porte-parole du FBI qui semblait commencer à regretter quelque peu la bonne vieille mafia à la sicilienne !

Les accusés du procès de New York étaient trois hommes convaincus d'être chefs des rackets organisés et cinq malfrats de moindre importance. Ce procès fut le premier à prouver l'existence d'une Commission suprême contrôlant les opérations de la mafia à l'échelle fédérale, c'est-à-dire sur l'ensemble des Etats américains. Jugés coupables de racketeering et, inculpation beaucoup plus grave encore, de *racketeering conspiracy* : le chef de la famille Genovese,

Anthony Salerno, 75 ans ; le chef de la famille Colombo, Carmine Persico, 53 ans ; le chef de la famille Lucchese, Anthony Corallo, 73 ans. Gennaro Langella, 47 ans ; Salvatore Santoro, 72 ans ; Christofer Furnari, 62 ans ; Ralph Scopo, 58 ans ; Anthony (Bruno) Indelicato, 38 ans ont été également condamnés devant le tribunal fédéral.

Les jurés ont conclu que les huit accusés avaient siégé et opéré dans un conseil de gangsters appelé *the Commission*, qui agissait en tant que Conseil d'administration de la mafia. Les inculpés se réunissaient périodiquement pour régler les conflits territoriaux, pour partager l'argent produit par les rackets, pour introniser de nouveaux membres et, de temps à autre, pour autoriser des exécutions. Tous les accusés ont été reconnus coupables de tous les chefs d'accusation émis contre eux.

En addition aux condamnations pour racketeering et racketeering conspiracy, Anthony Indelicato, le bien nommé, était condamné pour conspiration ordinaire, extorsion, corruption, paiement de pots-de-vin pour le contrôle de l'industrie du coulage du béton de New York City. Par ailleurs, Indelicato, supposé être un capo de la famille Bonanno, est soupçonné d'avoir pris part au meurtre de l'ancien chef de la famille, Carmine Galante, et de deux de ses associés, lorsque la Commission autorisa les meurtres, en 1979.

Trois autres hommes inculpés dans le procès de la Commission décédèrent après leur inculpation. Paul C. Castellano, inculpé en tant que chef de la famille Gambino, fut tué à coups de pistolet le 16 décembre 1985. Son lieutenant, Aniello Dellacroce et le conseiller présumé de Bonanno, Stefano Canone, moururent de mort naturelle. John Gotti, devenu le nouveau chef de la famille Gambino, n'était pas parmi les inculpés du procès de la Commission ; il fait l'objet d'un procès séparé. Le jugement de Philip (Rusty) Rastelli est également séparé du procès de la Commission, parce qu'il est en cours de jugement sous une autre inculpation, devant un tribunal de Brooklyn.

Racketeering

Le mot américain de racketeering en est venu à s'appliquer à tout un nombre d'opérations criminelles, dont le dénominateur commun est l'extorsion de fonds sous une forme ou sous une autre. Son origine est obscure. D'après la théorie la plus populaire, il aurait pris naissance vers la fin du XIXe siècle, à l'occasion des réunions de quartiers des clubs politiques de New York City. Ces réunions furent appelées des rackets en raison de leur nature bruyante et tapageuse. Les gangsters locaux prirent exemple sur les politiciens (et vice versa) et commencèrent à organiser leurs propres réunions, qu'ils appelèrent des rackets par analogie, et pour lesquelles ils obligeaient les commerçants du quartier à acheter des billets, sous peine de voir leurs boutiques pillées ou saccagées.

L'usage du mot racket comme synonyme d'activité criminelle ne se généralisa aux USA qu'à partir des années 1920. L'étymologie de racket et de ses dérivés, racketeer et racketeering est des plus imprécises. Le mot est probablement une onomatopée, ou une déformation de l'ancien mot anglais *rattick,* signifiant vacarme ou tintamarre, et dont l'étymologie est plus imprécise encore. Il est possible que racket soit une dérivation de l'ancien mot gaélique *racaid,* qui avait la même signification. Racket figurait déjà dans l'anglais argotique en 1812 ; et racketer (avec un seul e dans la syllabe finale) désignait un escroc ou un fraudeur, en Angleterre, en 1888.

Power vacuum

Les verdicts de culpabilité rendus à l'issue du procès de la Commission ne mettront pas fin au business de la mafia, ont fait remarquer certains officiels des organisations judiciaires de New York City. Mais ils bouleverseront des habitudes criminelles établies depuis longtemps ; ce qui facilitera la lutte des autorités contre le racketeering en vigueur dans de nombreuses industries. « Ceci aura un énorme impact sur la mafia », a prédit William Doran, le chef de la division criminelle du Federal Bureau of Investigation à New York. « Les condamnations créeront un *power vacuum*, un vide dans le pouvoir, qui provoquera une explosion dans les rangs et facilitera les futures opérations secrètes de la police. »

Cependant, si le passé est un guide pour le présent, estiment les officiels, quelques-uns des parrains condamnés continueront à exercer leur pouvoir derrière les barreaux. Il est en effet arrivé assez souvent que des grands chefs de la mafia aient été temporairement emprisonnés sans perdre le commandement de leur famille. Par ailleurs, les criminologues américains ont rapporté que de nouveaux alignements étaient déjà en cours pour assurer la continuité dans les familles mafiosiques et pour transmettre les responsabilités à des chefs moins connus et considérés, de ce fait, comme plus sûrs. Longtemps avant le procès de la Commission, les policiers d'Etat et les policiers fédéraux ont commencé à étudier la carrière de douzaines de mafiosi susceptibles d'avancer dans les rangs. Ce sont principalement des hommes à la personnalité effacée, auxquels manquent encore l'entraînement et les contacts de leurs prédécesseurs, ce qui pourrait, de ce fait, les rendre vulnérables.

Mais les chefs de la police ont fait remarquer que ces nouveaux personnages, ne disposant pas des mécanismes d'arbitrage des anciens capi, auraient probablement tendance à recourir plus souvent à la violence. Quelques officiels pensent que la récente et importante offensive déclenchée par le gouvernement contre la mafia obligera les aspirants au poste de capo à réfléchir à deux fois avant de se produire sous les feux de la rampe. Ces experts estiment en fait que les successeurs possibles de quelques-uns des chefs condamnés ont déjà choisi de rester dans l'ombre. « Ces hommes reconnaissent, a dit Ron Goldstock, l'assistant-procureur général en charge de la Section d'opération contre le crime organisé, que le nouvel état-major de la mafia sera immédiatement et particulièrement visé par les juridictions en charge de faire respecter la loi. »

Réticences

Un exemple cité à ce dernier propos est naturellement celui de John Gotti qui avait à peine succédé à Paul Castellano à la tête de l'organisation criminelle Gambino qu'il se retrouvait face à un tribunal en compagnie d'autres mafiosi, sous inculpation fédérale de racketeering. John L. Hogan, le chef du bureau du district de New York du FBI, a qualifié les nouveaux chefs d'*inferior leaders*, auxquels il manque d'avoir suivi les étapes traditionnelles d'une carrière dans la mafia. « Bon nombre de réseaux de criminels vont se désagréger », affirme de son côté Thomas L. Sheer, le directeur de la Division de l'Inspection du FBI à New York.

Thomas L. Sheer estime que les futurs efforts pour la mise en vigueur des lois devraient viser essentiellement à arracher au contrôle de la mafia les syndicats professionnels et les industries du béton et de la construction, en très grande partie sous l'emprise des mafiosi. Malgré toutes ces prévisions et prophéties, Thomas L. Sheer et les autres représentants de la loi de New York et de Washington sont réticents à prédire l'imminente disparition d'une organisation qui a survécu à toutes les tentatives de suppression entreprises contre elle pendant près d'un siècle. S'il est d'autre part possible de tenir des procès spectaculaires et de mettre des mafiosi en prison, il a toujours été extrêmement difficile de les y garder si l'on considère les énormes moyens financiers dont ils disposent.

Les *Westies*

La mafia, par ailleurs, semble avoir dans la réalité la faculté qu'avait dans la mythologie grecque la célèbre Hydre de Lerne, celle de se faire repousser deux têtes pour une qu'on lui coupait. C'est ainsi que tandis que se déroulaient les fameux procès de New York, la police fut mise sur les traces d'un gang s'intitulant *the Westies*, du nom de son théâtre d'opérations, le West Side, le secteur ouest de Manhattan, le long de l'Hudson. L'enquête commença après qu'un des membres du gang eut accepté de collaborer avec la police. Les poursuites entreprises révélèrent la participation du gang à plus de trente cas d'homicides dont les motifs étaient demeurés obscurs dans le cours des quinze dernières années.

Les enquêteurs parvinrent à découvrir les liens de ce gang avec la famille mafiosique Gambino dans ses activités d'extorsion et dans l'exécution de contracts dans le secteur ouest. Le gang en question, que les enquêteurs décrivirent comme l'un des groupements de criminels les plus féroces sur lesquels ils aient jamais eu à enquêter à New York, démembrait le corps de ses victimes afin de pouvoir s'en débarrasser plus facilement. La plupart des Westies s'étaient toutefois dispersés dans des retraites sûres... d'où ils ressortiront immanquablement dès que le grand cirque des procès de New York aura été remplacé par un autre.

Annexes

LES ARMES DE LA MAFIA

La célèbre mitraillette Thompson, familièrement appelée *Tommy gun*, fut inventée et brevetée en 1920, juste à temps pour l'ouverture des hostilités de la Guerre des Gangs déclenchée par la Prohibition. Son inventeur était un officier en retraite de l'armée américaine, John T. Thompson. Ce *submachine gun* pesait environ dix livres américaines et tirait des balles de calibre 45 (11,5 mm). Le chargeur droit ordinaire contenait 20 balles ; le chargeur circulaire, ou tambour en avait 50. L'armée américaine l'adopta en 1928, et l'armée britannique l'utilisa aussi pendant un certain temps. Le Tommy gun était une arme de faible portée et de peu de précision, qui n'avait d'intérêt qu'en combat très rapproché. C'est avec son chargeur circulaire caractéristique, que la mitraillette Thompson est devenue célèbre au cinéma. Mais elle était, avec le chargeur rectiligne, moins encombrante et plus facile à dissimuler, notamment dans l'inévitable étui à violon.

Le fusil de chasse à canon scié, parfois appelé *sawn-off shotgun* ou *mafia gun* est également cher aux cinéastes. Notons bien que le raccourcissement de l'arme n'avait pas pour but essentiel de la rendre plus facile à dissimuler. L'idée principale était d'en faire disperser la charge de chevrotines sur une plus faible portée. Le large cercle de mort déployé à une courte distance, en faisait l'arme idéale pour un combat rapproché, ou pour un règlement de compte à l'intérieur d'un speakeasy.

C'est avec ces deux armes que fut perpétré le célèbre Massacre de la Saint-Valentin de février 1929, par des professionnels qui ne laissaient rien au hasard, et ne laissèrent aucun survivant derrière eux.

La mitraillette Thompson n'est plus, depuis longtemps, qu'un accessoire de cinéma ; et personne aux USA ne s'amuse plus aujourd'hui à scier des canons de fusil de chasse. Mais il faut apporter quelques précisions à propos des armes à canon lisse (*shotguns*) utilisées pour la chasse aux Etats-Unis et ailleurs. Leur calibre s'exprime en des chiffres qui sont une survivance d'un lointain passé. Les premiers fusils de chasse anglais tiraient des balles rondes en plomb. Si l'on coulait, par exemple, dix de ces balles avec une livre de plomb (de 453 grammes), l'arme qui les tirait était au calibre 10. Ce mode de désignation est toujours en usage aujourd'hui.

Dès l'époque héroïque, si l'on peut dire, de la mafia et de la Guerre des Gangs, les tueurs professionnels vraiment sérieux préféraient, de toute façon, tuer leur client à distance avec une arme de plus de portée et de précision comme le *rifle*. Une erreur très courante consiste à traduire le mot américain *rifle* simplement par fusil. Un *rifle* n'est pas n'importe quel fusil, mais uniquement un fusil à canon rayé (rifled, d'après le verbe to rifle, signifie rayé).

Le calibre (bore, ou caliber), c'est-à-dire le diamètre des armes à canon rayé américaines, est exprimé en dixièmes ou en centièmes de pouce. Une carabine au calibre 22, par exemple, est une arme au calibre de 22 dixièmes de pouce, soit 5,6 millimètres, mesurés entre les champs et non au fond des rayures. Les fusils de chasse à canon rayé ont des calibres variant entre 375 et 475 centièmes de pouce, soit 9,5 à 12 mn en chiffres ronds. Un des calibres courants d'arme de guerre standard est le 7,65 millimètres, conversion d'un chiffre rond américain : 30, soit trente dixièmes de pouce (7,62 mm exactement).

Une autre erreur assez fréquente en France, est d'appeler revolver n'importe quelle arme de poing (*handgun*). Le nom strictement américain de revolver (sans accent) dérive du verbe to revolve, tourner, et il ne doit s'appliquer qu'à des armes à barillet tournant. Toutes les autres sont des pistolets. Bien que le revolver ait un tir moins rapide que les pistolets (et surtout les pistolets automatiques), il a sur ceux-ci l'avantage de ne pas éjecter les douilles des balles tirées. Le pistolet les éjecte, et son utilisateur n'a généralement pas le temps de les récupérer pour éviter qu'elles ne soient retrouvées par la police.

Les gangsters utilisaient généralement des pistolets ou revolvers de gros calibres : 32 (8 mm), 38 (9,5 mm), 45 (11,5 mm). Le 45 était appelé familièrement un *forty five*. Il est considéré comme l'arme des « vrais hommes », dans le milieu américain.

LES PARRAINS DE NEW YORK

Les cinq familles de la mafia

BONANNO	LUCCHESE	GAMBINO	GENOVESE	COLOMBO
Joseph Bonanno *retiré en 1964*	Thomas Gagliano *décédé en 1953*	Philip Mangano *assassiné en 1951*	Lucky Luciano *exilé en 1946* *décédé en Italie en 1962*	Joseph Profaci *décédé en 1962*
Carmine Galante *assassiné en 1979*	Gaetano Lucchese *décédé en 1967*	Alberto Anastasia *assassiné en 1957*	Frank Costello *retiré en 1957*	Joseph Colombo *retiré en 1971* *décédé en 1978*
Philip Rastelli Chef en fonction *incarcéré*	Carmine Tramonti *décédé en 1978*	Carlo Gambino *décédé en 1976*	Vito Genovese *décédé en 1969*	Carmine Persico chef en fonction *incarcéré*
	Anthony Corallo chef en fonction *incarcéré*	Paul Castellano *assassiné en 1985*	Thomas Eboli *assassiné en 1972*	
		John Gotti chef en fonction *incarcéré*	Frank Funzi Tiori *décédé en 1981*	
			Anthony Salerno chef en fonction *incarcéré*	

Cinq des grands chefs de la mafia new-yorkaise furent assasinés, et neuf décédèrent de mort naturelle. Joseph Bonanno se retira volontairement de sa fonction de chef de famille ; Franck Costello et Joseph Colombo s'en retirèrent après avoir été l'objet de tentatives d'assassinat.

Ce tableau a été établi par la police new-yorkaise dans le but de démontrer qu'elle avait réussi à mettre sous les verrous les cinq chefs des grandes familles new-yorkaises de la mafia, vers la fin de 1986.

Les noms et les dates sont historiques, mais l'ordre de succession fut loin d'être aussi simple dans la réalité. Le tableau devrait comporter des douzaines d'autres noms de mafiosi, dont une grande partie toujours en liberté et en activité. Certains des mafiosi incarcérés ont été ou seront probablement mis en liberté provisoire sous caution.

Petit lexique mafiosique[1]

Alky cooker	Bouilleur d'alcool, distillateur clandestin
Artillery	Armement des gangsters
Assignation house	Maison de prostitution
Bangtail	Cheval de course
B-girl	Business-girl, prostituée
Black-jack	Jeu du 21
Blind pig	Speakeasy de basse catégorie
Block	Pâté de maisons
Blue nose	Nez-bleu, puritain, prohibitionniste
Bohunk	Américain originaire de Bohème ou Hongrie
Bookie	Bookmaker
Bootlegger	Trafiquant d'alcool illégal
Bootlegging	Trafic d'alcool illégal
Bouncer	Expulseur de night-club
Brothel	Maison de prostitution
Bum	Clochard
Chopper	Mitraillette
Congress	Parlement
Contract	Offre d'une prime pour un assassinat déterminé
Convention	Congrès
Convict	Condamné
Cop	Flic

1. Ce lexique fait état d'un jargon qui n'a plus toujours cours aujourd'hui. Il s'agit de celui largement employé à Chicago dans les années 1920-1930.

Coroner	Magistrat chargé des premières constations dans les cas de mort violente
County	Comté, district (division administrative)
Crash	Effondrement boursier, ou autre
Craps	Jeu de dés (d'après crab's eyes, les yeux du crabe, le point un-et-un)
Deputy sheriff	Auxiliaire du shérif
Dum dum bullet	Balle à expansion
Enforcer	Gorille chargé de mettre en force les décisions d'un gang
Fed	Agent fédéral
Fixed	Combiné, truqué
Front	Façade, couverture, camouflage
Gang	Bande, organisation illégale
Gangland	Milieu, territoire des gangs
Gand overlord	Grand-chef de gangs
G-man	Government-man, agent du FBI
Gorilla	Homme de main, garde du corps, gorille
Gunman	Tueur à gages, pistolero
Gun moll	Maîtresse d'un gangster
Hijacker	Gangster spécialiste de l'attaque des convois d'alcool des bootleggers
Hobo	Vagabond
Honky-tonk	Café de bord de route de bas étage avec piano mécanique (aujourd'hui juke-box)
Jelly	Gélignite, explosif pour faire sauter les portes des coffres-forts
Kike	Américain de race juive
Lawyer	Avocat, avoué, homme de loi
Madam	Tenancière de maison close
Mobster	Gangster, en américain moderne
Mortician	Entrepreneur de pompes funèbres
One way ride	Voyage sans retour, dans une voiture de gangsters

Petit lexique mafiosique

Pal	Pote, copain, ami
Pimp	Souteneur
Pineapple	(Ananas), grenade à fragmentation
Polack	Américain d'origine polonaise
Prosecutor	Accusateur public
Protection racket	Racket de la protection forcée
Racket	Entreprise illégale ou criminelle
Red light district	Quartier des maisons closes
Saloon	Taverne, café, bar
Sedan	Conduite intérieure (automobile)
Shoulder holster	Harnais d'épaule pour suspendre un pistolet sous l'aisselle
Slum	Taudis
Speakeasy	Débit d'alcool clandestin
Squad car	Voiture (d'escouade) de police
State attorney	Procureur d'Etat, procureur de la République
Stick up man	Voleur à main armée
Stiff	(Raidi) cadavre
Stock Market	Bourse des Valeurs
Syndicate	Association de bandits ou de financiers
T-man	Treasury-man, agent fédéral du fisc
Tommy gun	Mitraillette Thompson
Torpedo	Gorille, tueur à gages
Torpedo	Voiture de tourisme découverte
Tuxedo	Smoking
Typewriter	Mitraillette
Ukulele	Chargeur de mitraillette Thompson
Underworld	Le monde des bas-fonds, le milieu
Union	Syndicat professionnel
Untouchable	Incorruptible
Wop	Américain d'origine italienne

TABLE DES MATIÈRES

ACHEVÉ D'IMPRIMER
SUR LES PRESSES DE
L'IMPRIMERIE CHIRAT
42540 ST-JUST-LA-PENDUE
EN JUILLET 1988
DÉPÔT LÉGAL 1988 N° 3773
N° D'ÉDITEUR 2654
ISBN : 2-235-01783-5

IMPRIMÉ EN FRANCE